coleção
RESUMOS

RESUMO DE DIREITO COMERCIAL
(EMPRESARIAL)

COLEÇÃO RESUMOS DA MALHEIROS EDITORES
(Volumes 1 a 12, Autores:
MAXIMILIANUS CLÁUDIO AMÉRICO FÜHRER
e MAXIMILIANO ROBERTO ERNESTO FÜHRER)

Resumo 1 – Direito Comercial (Empresarial), 46ª ed., 2017.
Resumo 2 – Obrigações e Contratos (Civis, Empresariais, Consumidor), 31ª ed., 2015.
Resumo 3 – Direito Civil, 43ª ed., 2017.
Resumo 4 – Processo Civil, 42ª ed., 2017.
Resumo 5 – Direito Penal (Parte Geral), 36ª ed., 2017.
Resumo 6 – Processo Penal, 30ª ed., 2017.
Resumo 7 – Direito Administrativo, 29ª ed., 2016.
Resumo 8 – Direito Tributário, 26ª ed., 2017.
Resumo 9 – Direito do Trabalho, 26ª ed., 2016.
Resumo 10 – Direito Constitucional, 20ª ed., 2017.
Resumo 11 – Direito Penal (Parte Especial), 11ª ed., 2015.
Resumo 12 – Dicionário Jurídico, 3ª ed., 2010.
Resumo 13 – Direito do Consumidor, 2015 (Autores: MAXIMILIANO ROBERTO ERNESTO FÜHRER e MARÍLIA STEPHANE CAMPOS FÜHRER).

Outras Obras de
MAXIMILIANUS CLÁUDIO AMÉRICO FÜHRER

Crimes Falimentares, Ed. RT, 1972.
Manual de Direito Público e Privado, em coautoria com Édis Milaré, 17ª ed., Ed. RT, 2009.
Roteiro das Recuperações e Falências, 21ª ed., Ed. RT, 2008.
Tradução de aforismos de vários pensadores: *Revista dos Tribunais* (período 1975/1976).
Artigos: "O homicídio passional", *RT* 392/32; "O elemento subjetivo nas infrações penais de mera conduta", *RT* 452/292; "Como aplicar as leis uniformes de Genebra", *RT* 524/292; "O elemento subjetivo no Anteprojeto do Código das Contravenções Penais – Confronto com a legislação em vigor", *RT* 451/501; "Quadro Geral das Penas", *RT* 611/309.

Outras obras, pela Malheiros Editores,
de MAXIMILIANO ROBERTO ERNESTO FÜHRER

Código Penal Comentado, 3ª ed., 2010 (com MAXIMILIANUS CLÁUDIO AMÉRICO FÜHRER).
Curso de Direito Penal Tributário Brasileiro, 2010.
História do Direito Penal, 2005.
A Nova Prisão e as Novas Medidas Cautelares no Processo Penal, 2011.
Novos Crimes Sexuais, 2009.
A Reforma do Código de Processo Penal, 2008.
Tratado da Inimputabilidade no Direito Penal, 2000.

MAXIMILIANUS CLÁUDIO AMÉRICO FÜHRER
MAXIMILIANO ROBERTO ERNESTO FÜHRER

RESUMO DE DIREITO COMERCIAL
(EMPRESARIAL)

*46ª edição
atualizada*

RESUMO DE DIREITO COMERCIAL (Empresarial)
© Maximilianus Cláudio Américo Führer
Maximiliano Roberto Ernesto Führer

*7ª ed., 1989; 8ª e 9ª eds., 1990; 10ª ed., 1991; 11ª ed., 1992;
12ª ed., 1ª e 2ª tirs., 1993; 13ª ed., 1994; 14ª ed., 1995; 15ª e 16ª eds., 1996;
17ª, 18ª e 19ª eds., 1997; 20ª e 21ª eds., 1ª e 2ª tirs., 1998; 22ª e 23ª eds., 1999;
24ª e 25ª eds., 2000; 26ª e 27ª eds., 2001; 28ª e 29ª eds., 2002;
30ª e 31ª eds., 2003; 32ª e 33ª eds., 2004; 34ª e 35ª eds., 2005; 36ª ed., 2006;
37ª ed., 2007; 38ª ed., 2008; 39ª ed., 2009; 40ª ed., 2010; 41ª ed., 2011;
42ª ed., 2012; 43ª ed., 2013; 44ª ed., 2014; 45ª ed., 2016.*

*Direitos reservados desta edição por
MALHEIROS EDITORES LTDA.
Rua Paes de Araújo, 29, conjunto 171
CEP 04531-940 – São Paulo – SP
Tel.: (11) 3078-7205 – Fax: (11) 3168-5495
URL: www.malheiroseditores.com.br
e-mail: malheiroseditores@terra.com.br*

Composição: PC Editorial Ltda.
*Capa
Criação:* Cilo
Arte: PC Editorial Ltda.

Impresso no Brasil
Printed in Brazil
08.2017

Dados Internacionais de Catalogação na Publicação (CIP)

F959r	Führer, Maximilianus Cláudio Américo. Resumo de direito comercial (empresarial) / Maximilianus Cláudio Américo Führer, Maximiliano Roberto Ernesto Führer. – 46. ed., atualizada – São Paulo : Malheiros, 2017. 128 p. ; 21 cm. – (Coleção Resumos ; 1) Inclui bibliografia e índice. ISBN 978-85-392-389-5 1. Direito comercial - Brasil - Sínteses, compêndios, etc. 2. Direito empresarial - Brasil - Sínteses, compêndios, etc. I. Führer, Maximiliano Roberto Ernesto. II. Título. II. Série. CDU 347.7(81) CDD 346.8107

Índice para catálogo sistemático:
1. Direito penal: Brasil 347.7(81)

(Bibliotecária responsável: Sabrina Leal Araujo – CRB 10/1507)

NOTA DO AUTOR

Este é um livro complementar, que não dispensa a leitura dos mestres.

Sua finalidade é a visão panorâmica do assunto, o que só um resumo pode oferecer – pois não sabe onde está quem, fechado num apartamento, não viu, antes, pelo menos de relance, o edifício todo.

O espírito do comércio produz nos homens um acentuado sentido de justiça exata, oposto de um lado à rapinagem e do outro à negligência dos próprios interesses.

O comércio afasta os preconceitos agressivos. Em toda parte, onde se estabeleceram costumes brandos, existe o comércio, e onde se pratica o comércio, existem costumes brandos.

Montesquieu

Proteja os animais.
Eles não falam mas sentem
e sofrem como você.

(De uma mensagem
da União Internacional Protetora dos Animais)

CONTATO

As mensagens podem ser enviadas para *malheiroseditores@terra.com.br* ou pelo fax: (11) 3168-5495.

SUMÁRIO

ABREVIATURAS 12

CAPÍTULO I – PARTE GERAL

1. Esboço histórico 13
2. Conceito de comércio 14
3. Direito Comercial e Direito Empresarial 15
4. Natureza e características do comércio 15
5. Obrigações dos empresários 15
6. Livros mercantis 16
7. Prepostos do empresário 17
8. O estabelecimento 17
9. Perfis da empresa 18
10. O ponto comercial 19
11. Registros de interesse da empresa 20

CAPÍTULO II – PROPRIEDADE INDUSTRIAL

1. A propriedade intelectual 22
2. A propriedade industrial 23
3. Legislação aplicável 23
4. O Instituto Nacional da Propriedade Industrial (INPI) 23
5. Patentes e registros 23
6. Invenção 24
7. Modelo de utilidade 26
8. Desenho industrial 26
9. Dúvidas na classificação das criações 27
10. O *design* 27
11. O *know-how* e o segredo de fábrica 28
12. Marcas 29
13. Cultivares 30
14. Crimes contra a propriedade industrial 30

CAPÍTULO III – SOCIEDADES EMPRESARIAIS
PRIMEIRA PARTE – RESUMO

1. Introdução 31
2. Características gerais 32

3. Classificação das sociedades no Código Civil 33
4. O nome 34
5. Firma ou razão social 34
6. Denominação social 35
7. Título de estabelecimento 35
8. A proteção do nome empresarial 36
9. O empresário individual 36
10. Sociedade em nome coletivo 37
11. Sociedade em comandita simples 37
12. Sociedade de capital e indústria 38
13. Sociedade em conta de participação 38
14. Sociedade limitada 39
15. Empresa individual de responsabilidade limitada (EIRELI) 41
16. Sociedade anônima ou companhia
    16.1 Características 42
    16.2 Títulos emitidos pela sociedade anônima 44
    16.3 Os acionistas 46
    16.4 Órgãos da sociedade anônima 48
17. Sociedade em comandita por ações 49
18. Sociedade em comum (irregular ou de fato) 51
19. Modificações na estrutura das sociedades 51
20. Interligações das sociedades 52
21. Microempresas e empresas de pequeno porte 52
22. Quadro geral das sociedades empresariais 54
23. Quadro geral do comércio individual 54

SEGUNDA PARTE – TEMAS VARIADOS

1. Sociedade de marido e mulher 55
2. A sociedade de um sócio só 55
3. Penhora de cotas da sociedade, por dívida do sócio 56
4. Penhora de bens particulares do sócio de sociedade limitada 57
5. Mercado de capitais. Distribuição das ações e outros títulos 57
6. Vocabulário das sociedades por ações e do mercado de capitais 58
7. Desconsideração da pessoa jurídica 68

CAPÍTULO IV – TÍTULOS DE CRÉDITO
PRIMEIRA PARTE – RESUMO

1. Definição de título de crédito 73
2. Títulos cambiais e títulos cambiariformes 73
3. Características dos títulos de crédito 74
4. O formalismo dos títulos de crédito 76
5. Legislação aplicável 77
6. Como aplicar a Lei Uniforme das Letras de Câmbio e Notas
   Promissórias 77
7. Pagamento dos títulos de crédito 79

8. O endosso	79
9. O aval	79
10. A apresentação e o aceite	80
11. O protesto	80
12. A ação cambial	81
13. A anulação dos títulos de crédito	82
14. A prescrição	82
15. A letra de câmbio	82
16. A nota promissória	83
17. O cheque	83
18. A apresentação do cheque. A decadência	85
19. A duplicata	85
20. O conhecimento de depósito e o *warrant*	86
21. Debêntures	86
22. O conhecimento de transporte ou de frete	87
23. Cédulas de crédito	87
24. Notas de crédito	88
25. Letras imobiliárias	89
26. Cédulas hipotecárias	89
27. Certificados de depósito	89
28. Cédula de Produto Rural (CPR)	89
29. Letra de Crédito Imobiliário	89
30. Cédula de Crédito Imobiliário	90
31. Cédula de Crédito Bancário	90
32. Títulos do agronegócio	90

SEGUNDA PARTE – TEMAS VARIADOS

1. A investigação da *causa debendi*	91
2. Defesa do avalista baseada na *causa debendi*	92
3. Título vinculado a contrato	93
4. Obrigação cambial por procuração	93
5. Títulos "abstratos" e títulos "causais"	94
6. Pagamento parcial	94
7. *Pro solvendo* e *pro soluto*	94
8. Cláusulas extravagantes	95
9. Duplicata simulada. Sustação de protesto e execução contra o emitente-endossante	96

CAPÍTULO V – DIREITO BANCÁRIO

1. Características do Direito Bancário	98
2. Organização bancária	98
3. Espécies de empresas bancárias	99
4. O Sistema Financeiro Nacional	100
5. Intervenção e liquidação extrajudicial	101
6. Operações ou contratos bancários	104

7. Características do contrato bancário 104
8. Sigilo bancário 104

CAPÍTULO VI – FALÊNCIAS, CONCORDATAS E RECUPERAÇÕES

Introdução 106

PRIMEIRA PARTE – LEI ATUAL (L 11.101/2005)

A) Recuperação de empresas

1. Objetivo da lei 107
2. Recuperação judicial 107
   2.1 Recuperação judicial de microempresas e empresas de pequeno porte 109
3. Recuperação extrajudicial 109
4. Participantes, na recuperação judicial e na falência 110

B) Falência (L 11.101/2005)

1. Definição de falência 110
2. Hipóteses de decretação de falência 111
3. Andamento da falência 111
4. Classificação dos créditos 113
   4.1 Créditos extraconcursais (art. 84) 113
   4.2 Créditos concursais (art. 83, I a VIII) 113
5. Créditos trabalhistas. Inconstitucionalidade de sua limitação .. 115
6. Contratos do falido 115
7. Pedido de restituição 115
8. Continuação provisória das atividades 116
9. Crimes concursais (arts. 168 a 178) 116
10. A lei penal no tempo 116

SEGUNDA PARTE – LEI ANTERIOR (DL 7.661/45) FALÊNCIAS E CONCORDATAS 117

A) Falência (DL 7.661/45)

1. Sentença 117
2. Fases da falência 118
3. O síndico 118
4. Obrigações pessoais do falido 118
5. A continuação do negócio 119
6. A fase de liquidação 119
7. Inquérito judicial 119

8. A ordem das preferências 119

B) Concordatas (DL 7.661/45) 120

    1. A concordata preventiva 121
    2. A concordata suspensiva 121

BIBLIOGRAFIA 122

ÍNDICE ALFABÉTICO-REMISSIVO 126

ABREVIATURAS

CC	–	Código Civil
CCom	–	Código Comercial
CDC	–	Código de Defesa do Consumidor
CP	–	Código Penal
CPI	–	Código da Propriedade Industrial
D	–	Decreto
DL	–	Decreto-lei
JC	–	*Jurisprudência Catarinense*
JD	–	*Jurisprudência e Doutrina*
JM	–	*Jurisprudência Mineira*
JSTJ	–	*Julgados do Superior Tribunal de Justiça*
JSTJ/TRF	–	*Jurisprudência do Superior Tribunal de Justiça e Tribunais Regionais Federais-Lex*
JTACSP	–	*Julgados dos Tribunais de Alçada Civil de São Paulo*
JTJ	–	*Jurisprudência do Tribunal de Justiça (SP)*
L	–	Lei
L-JSTJ	–	*Lex-Jurisprudência do Superior Tribunal de Justiça e Tribunais Regionais Federais*
LC	–	Lei Complementar
LDA	–	Lei de Direito Autoral
LDi	–	Lei do Divórcio
LINDB	–	Lei de Introdução às Normas do Direito Brasileiro
MP	–	Medida Provisória
PJ	–	*Paraná Judiciário*
RDM	–	*Revista de Direito Mercantil, Industrial, Econômico e Financeiro*
RF	–	*Revista Forense*
RJTJEG	–	*Revista de Jurisprudência do Tribunal de Justiça do Estado da Guanabara*
RJTJERJ	–	*Revista de Jurisprudência do Tribunal de Justiça do Estado do Rio de Janeiro*
RJTJESP	–	*Revista de Jurisprudência do Tribunal de Justiça do Estado de São Paulo*
RJTJMS	–	*Revista de Jurisprudência do Tribunal de Justiça de Mato Grosso do Sul*
RJTJRGS	–	*Revista de Jurisprudência do Tribunal de Justiça do Estado do Rio Grande do Sul*
RSTJ	–	*Revista do Superior Tribunal de Justiça*
RT	–	*Revista dos Tribunais*
RTJ	–	*Revista Trimestral de Jurisprudência*
RTJE	–	*Revista Trimestral de Jurisprudência dos Estados*
RTJEP	–	*Revista do Tribunal de Justiça do Estado do Pará*
RTRF-3ª Reg.	–	*Revista do Tribunal Regional Federal – 3ª Reg.*
STF	–	Supremo Tribunal Federal
STJ	–	Superior Tribunal de Justiça

Capítulo I

PARTE GERAL

1. Esboço histórico. 2. Conceito de comércio. 3. Direito Comercial e Direito Empresarial. 4. Natureza e características do comércio. 5. Obrigações dos empresários. 6. Livros mercantis. 7. Prepostos do empresário. 8. O estabelecimento. 9. Perfis da empresa. 10. O ponto comercial. 11. Registros de interesse da empresa.

1. Esboço histórico

Mesmo na Antiguidade, como não poderia deixar de ser, já existiam institutos pertinentes ao Direito Comercial, como o empréstimo a juros e os contratos de sociedade, de depósito e de comissão no Código de Hammurabi, ou o empréstimo a risco (*nauticum foenus*) na Grécia antiga, ou a avaria grossa da *Lex Rhodia de jactu*, dos romanos.

Como sistema, porém, a formação e o florescimento do Direito Comercial só ocorreram na Idade Média, a partir do século XII, através das corporações de ofícios, em que os mercadores criaram e aplicaram um Direito próprio, muito mais dinâmico do que o antigo Direito romano-canônico.

A evolução do Direito Comercial deu-se em três fases. A primeira fase, que vai do século XII até o século XVIII, corresponde ao período *subjetivo-corporativista*, no qual se entendeu o Direito Comercial como sendo um Direito fechado e classista, privativo, em princípio, das pessoas matriculadas nas corporações de mercadores.

Na época, as pendências entre os mercadores eram decididas dentro da classe, por cônsules eleitos, que decidiam sem grandes formalidades (*sine strepitu et figura iudicii*), apenas de acordo com usos e costumes, e sob os ditames da equidade (*ex bono et aequo*).

A segunda fase, chamada de *período objetivo*, inicia-se com o liberalismo econômico e se consolida com o Código Comercial francês, de 1808, que teve a participação direta de Napoleão. Abolidas as corporações e estabelecida a liberdade de trabalho e de comércio, passou o Direito Comercial a ser o Direito dos *atos de comércio*, extensivo a todos que praticassem determinados atos previstos em lei, tanto no comércio e na indústria como em outras atividades econômicas, independentemente de classe.

Durante a primeira fase, e com intensidade maior no início da segunda, houve aspectos *ecléticos*, que combinavam o critério subjetivo com o objetivo. Às vezes, os tribunais corporativistas julgavam também causas referentes a pessoas que não eram comerciantes, desde que o assunto fosse considerado de natureza comercial.

A terceira fase, marcada entre nós pelo Código Civil de 2002 (art. 966), corresponde ao Direito Empresarial (conceito subjetivo moderno), que engloba, além do comércio, qualquer atividade econômica organizada, para a produção ou circulação de bens ou serviços, exceto a atividade intelectual, de natureza científica, literária ou artística. Até mesmo estas últimas atividades serão empresariais, se organizadas em forma de empresa (art. 966, parágrafo único, do CC).

FASES DO DIREITO COMERCIAL
{ *Período subjetivo-corporativista*
Período objetivo dos atos de comércio
Período subjetivo moderno – Direito Empresarial
(*adotado pelo CC de 2002*) }

2. Conceito de comércio

Ato de comércio é a interposição habitual na troca, com o fim de lucro.

A palavra comércio tem tríplice significado: o significado vulgar, o econômico e o jurídico. No sentido vulgar, traduz o vocábulo certas relações entre as pessoas, como o comércio de ideias, de simpatia, de amizade.

No sentido econômico, comércio é o emprego da atividade humana destinada a colocar em circulação a riqueza produzida, facilitando as trocas e aproximando o produtor do consumidor. Excluídos os dois extremos – produtor e consumidor –, comerciais, sob o prisma econômico, serão todos os atos com que se forma a corrente circulatória das riquezas.

De acordo com o insigne comercialista italiano Vidari: "Comércio é o complexo de atos de intromissão entre o produtor e o consumidor, que, exercidos habitualmente e com fins de lucros, realizam, promovem ou facilitam a circulação dos produtos da natureza e da indústria, para tornar mais fácil e pronta a procura e a oferta" (cf. Rubens Requião, *Curso de Direito Comercial*, p. 5; De Plácido e Silva, *Noções Práticas de Direito Comercial*, p. 18; Gastão A. Macedo, *Curso de Direito Comercial*, p. 9).

Destarte, três os elementos que caracterizam o comércio, em sua acepção jurídica: *mediação*, *fim lucrativo* e *habitude* (prática habitual ou profissional).

3. Direito Comercial e Direito Empresarial

Com o advento do atual Código Civil, em 2002, o comércio passou a representar apenas uma das várias atividades reguladas por um Direito mais amplo, o Direito Empresarial, que abrange o exercício profissional de atividade econômica organizada para a produção ou a circulação de bens ou serviços (art. 966).

O atual Código Civil revogou toda a Primeira Parte do Código Comercial, composta de 456 artigos. Com isso, o Código Comercial não mais regula as atividades comerciais terrestres, restando apenas a sua Segunda Parte, referente a atividades marítimas.[1]

4. Natureza e características do comércio

Possui o comércio algumas características que o distinguem de outras atividades:

a) *simplicidade* – em regra, o comércio é menos formalista;

b) *cosmopolitismo* – o comércio tem traços acentuadamente internacionais;

c) *onerosidade* – não existe, em regra, ato mercantil gratuito.

5. Obrigações dos empresários

Têm os empresários inúmeras obrigações, impostas por leis comerciais, leis tributárias, leis trabalhistas e leis administrativas, tanto no âmbito federal como no estadual e no municipal.

---

1. Mesmo as leis comerciais especiais ou avulsas, como, por exemplo, a Lei de Recuperações e Falências, L 11.101/2005, devem passar a aplicar-se, agora, não apenas aos comerciantes, mas a todos os empresários.
   Como expressamente dispõe o art. 2.037 do CC, "Salvo disposição em contrário, aplicam-se aos empresários e sociedades empresárias as disposições de lei não revogadas por este Código, referentes a comerciantes ou a sociedades comerciais, bem como a atividades mercantis". O art. 2.037, citado, constitui o que se chama de norma de extensão, ou de reenvio, que numa só disposição coordena e consolida toda uma matéria legal.
   O art. 1.044 do CC corrobora esse entendimento, dispondo expressamente que a sociedade empresária dissolve-se também pela declaração de falência. Sem distinção de a empresa dedicar-se ou não ao comércio.

Entre as obrigações da legislação comercial contam-se as relativas à identificação através do nome comercial, ao registro regular da firma individual ou do contrato ou estatuto social, à abertura dos livros necessários e à sua escrituração uniforme e contínua, ao registro obrigatório de documentos, à conservação em boa guarda de escrituração, correspondência e demais papéis pertencentes ao giro comercial, ao balanço anual do ativo e passivo, à apresentação do mesmo à rubrica do juiz etc.

6. Livros mercantis

Dividem-se os livros mercantis em comuns e especiais, bem como em obrigatórios e facultativos ou auxiliares. Os comuns são os referentes ao comércio em geral, e os especiais são os que devem ser adotados só por certos tipos de empresas.

Entre os livros comuns, entende-se, unanimemente, que é obrigatório o *Diário*, ou o livro *Balancetes Diários e Balanços* (art. 1.185, CC). E muitos julgados entendem que são também obrigatórios o *Registro de Duplicatas*, se houver vendas com prazo superior a 30 dias, o *Registro de Compras*, que pode ser substituído pelo *Registro de Entrada de Mercadorias*, e o *Registro de Inventário*. Podem os livros ser substituídos por registros em folhas soltas, por sistemas mecanizados ou por processos eletrônicos de computação de dados.

Em regra, para os fins da lei comercial, a jurisprudência não menciona como obrigatórios os demais livros fiscais e trabalhistas.

LIVROS COMUNS OBRIGATÓRIOS
1. *Diário*
2. *Registro de Duplicatas*, se houver vendas com prazo superior a 30 dias
3. *Registro de Compras* – pode ser substituído pelo *Registro de Entrada de Mercadorias*
4. *Registro de Inventário*

Entre os livros obrigatórios especiais, ou específicos de determinadas empresas, contam-se, por exemplo, o Livro de Entrada e Saída de Mercadorias, dos armazéns gerais, o Livro de Balancetes Diários, das casas bancárias, o Livro de Registro de Despachos Marítimos, dos corretores de navios, os livros previstos no art. 100 da Lei das S/A (L 6.404/76) etc.

Entre os livros facultativos ou auxiliares estão os seguintes: Caixa, Razão, Contas Correntes, Borrador, Copiador de Cartas, Copiador de Faturas etc.

Devem os livros seguir formalidades *extrínsecas*, referentes à autenticação dos mesmos, bem como formalidades *intrínsecas*, referentes ao modo como devem ser escriturados.

O Decreto-lei 486, de 3.3.69, regulamentado pelo Decreto 64.567, de 22.5.69, nos termos em que o qualifica, dispensa o pequeno comerciante da obrigação de manter e escriturar os livros adequados, bastando, em relação a ele, a conservação dos documentos e papéis relativos ao seu comércio (ver tb. DL 1.780, de 14.4.80).[2]

7. Prepostos do empresário

Apontam os autores duas classes de pessoas que auxiliam a atividade empresarial.

Na primeira classe estão os auxiliares *subordinados ou dependentes*, como os comerciários, industriários, bancários etc. Não são empresários, pois agem em nome e por conta de outrem.

Na segunda classe encontram-se os auxiliares *independentes*, como os corretores, leiloeiros, comissários, despachantes de alfândega, empresários de transporte e de armazéns gerais e os representantes ou agentes comerciais. São considerados comerciantes e se sujeitam às regras do Direito Comercial.

8. O estabelecimento

Estabelecimento é o conjunto de bens operados pelo empresário. Tem a natureza jurídica de uma universalidade de fato, sendo objeto e não sujeito de direitos.

Compõe-se o estabelecimento de coisas corpóreas e coisas incorpóreas.

Entre as corpóreas estão os balcões, as vitrinas, as máquinas, os imóveis, as instalações, as viaturas etc.

Entre as incorpóreas estão o ponto, o nome, o título do estabelecimento, as marcas, as patentes, os sinais ou expressões de propaganda, o *know-how*, o segredo de fábrica, os contratos, os créditos, a clientela ou freguesia e o aviamento (*aviamento* é a capacidade de produzir lucros, atribuída ao estabelecimento e à empresa, em decorrência da organização).

Pode o empresário ter uma pluralidade de estabelecimentos, surgindo então o estabelecimento principal e as suas sucursais, filiais ou agências.

---

2. Mas as microempresas e empresas de pequeno porte não optantes pelo Simples Nacional são obrigadas a manter livro-caixa, com a escrituração de sua movimentação financeira e bancária (art. 26, § 2º, da LC 123/2006 – Estatuto Nacional da Microempresa e da Empresa de Pequeno Porte).

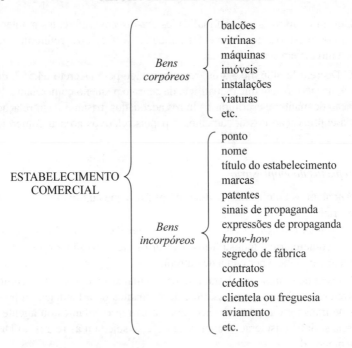

9. Perfis da empresa

Segundo Alberto Asquini, apresenta a empresa nada menos de quatro perfis diferentes: o *perfil subjetivo*, em que a empresa se confunde com o próprio empresário, vez que somente ele, e não ela, possui personalidade jurídica; o *perfil objetivo*, que corresponde ao fundo de comércio, ou seja, ao conjunto de bens corpóreos e incorpóreos destinados ao exercício da empresa; o *perfil corporativo ou institucional*, que corresponde aos esforços conjuntos do empresário e de seus colaboradores; e o *perfil funcional*, que corresponde à força vital da empresa, ou seja, à atividade organizadora e coordenadora do capital e do trabalho.

OS 4 PERFIS DA EMPRESA
1. *Perfil subjetivo*: empresa = empresário
2. *Perfil objetivo*: empresa = estabelecimento
3. *Perfil institucional*: empresário + colaboradores
4. *Perfil funcional*: empresa = organização

10. O ponto comercial

Ponto é o lugar em que o comerciante se estabelece. Constitui um dos elementos incorpóreos do estabelecimento ou fundo de comércio. Alguns autores o consideram como sendo uma *propriedade comercial*, ou seja, um direito abstrato de localização.

Nos termos da Lei 8.245, de 18.10.91 (Lei de Locação), o locatário comerciante ou industrial, bem como seu cessionário ou sucessor, pode pedir judicialmente a renovação do contrato de aluguel referente ao local onde se situa o seu fundo de comércio, nas seguintes condições:

a) contrato anterior por escrito e por tempo determinado;

b) contrato anterior, ou soma do prazo de contratos anteriores, de cinco anos ininterruptos;

c) o locatário deve estar na exploração do seu comércio ou indústria, no mesmo ramo, pelo prazo mínimo ininterrupto de três anos.

Preenchidas as condições acima, tem o locatário o direito de pedir a renovação do aluguel, através de ação renovatória, e terá preferência, em igualdade de condições, sobre eventual proposta de terceiro. A ação deve ser proposta nos primeiros seis meses do último ano do contrato, nem antes, nem depois. Se faltar mais de um ano, ou menos de seis meses, para o término do contrato a renovar, a ação não será admitida.

Se não houver acordo quanto ao novo valor do aluguel, o juiz nomeará perito para a fixação do mesmo. Se não houver renovação, por causa de uma proposta melhor do que a fixada, terá o inquilino direito a uma indenização.

O locador, por sua vez, tem o direito de promover a revisão do preço estipulado, decorridos três anos da data do contrato, ou da data do último reajuste judicial ou amigável, ou da data do início da renovação do contrato. Em caso de locação mista, residencial e comercial, o assunto será regulado conforme a área ou a finalidade predominante for de uso comercial ou residencial.

Se a ação renovatória não for proposta no prazo, pode o locador, findo o contrato, retomar o imóvel, independentemente de qualquer motivo especial.

A Lei de Locação manteve a denúncia vazia nas locações para fins comerciais e industriais.

O direito à renovação do contrato de aluguel estende-se também às locações celebradas por sociedades civis com fim lucrativo, regularmente constituídas.

11. Registros de interesse da empresa

Assim como toda pessoa natural deve ser registrada ao nascer, inscrevendo no Registro Civil todos os atos marcantes de sua vida (casamento, separação, óbito etc.), também ao empresário se instituiu um registro público.

O Registro do Comércio é, assim, um órgão de publicidade, habilitando qualquer pessoa a conhecer tudo que diga respeito ao empresário.

Conquanto obrigatório (CC, art. 967), tais são os efeitos negativos que a sua falta enseja, que nenhum empresário de bom senso dele prescinde (CC, art. 1.151, § 3º). Os registros de interesse dos empresários se dividem em duas espécies: o Registro do Comércio e o Registro da Propriedade Industrial.

I – *Registro do Comércio*: A Lei 8.934, de 18.11.94, regulamentada pelo Decreto 1.800/96, estabeleceu o *Sistema Nacional de Registro de Empresas Mercantis* – SINREM, composto pelo *Departamento Nacional de Registro do Comércio* – DNRC e pelas Juntas Comerciais (v. arts. 1.150 a 1.154 do CC).

O *Departamento Nacional de Registro do Comércio* – DNRC integra o Ministério do Desenvolvimento, Indústria e Comércio Exterior, e é o órgão central do SINREM. Tem função supervisora, orientadora, coordenadora e normativa, no plano técnico, e supletiva, no plano administrativo.

As Juntas Comerciais são órgãos locais de execução e administração dos serviços de registro, havendo uma Junta em cada unidade federativa, com sede na Capital.

Com o Sistema Nacional, cada empresa terá o seu Número de Identificação do Registro de Empresas – NIRE.

SISTEMA NACIONAL DE REGISTRO DE EMPRESAS MERCANTIS – SINREM
- *Departamento Nacional de Registro do Comércio* – DNRC: órgão central, integrante do Ministério de Desenvolvimento, Indústria e Comércio Exterior
- *Juntas Comerciais*: órgãos executores locais

Às Juntas Comerciais incumbe, portanto, efetuar o *registro público de empresas mercantis e atividades afins*, conforme a denominação da Lei

8.934/94. A expressão "atividades afins" abrange os agentes auxiliares do comércio, como os leiloeiros, tradutores públicos e intérpretes comerciais, trapicheiros[3] e administradores de armazéns gerais.[4]

Qualquer pessoa tem o direito de consultar os assentamentos das Juntas, sem necessidade de provar interesse, e de obter as certidões que pedir.

O registro compreende a matrícula, o arquivamento, a autenticação de escrituração e documentos mercantis e o assentamento de usos e costumes comerciais, além de outras atribuições.

A *matrícula* é o modo pelo qual se procede ao registro dos auxiliares do comércio, como leiloeiros, tradutores públicos e intérpretes comerciais, trapicheiros e administradores de armazéns gerais (art. 32, I, da L 8.934/94).

O *arquivamento* é o modo pelo qual se procede ao registro relativo à constituição, alteração, dissolução e extinção de firmas mercantis individuais e sociedades mercantis (art. 32, II, da L 8.934/94). O arquivamento abrange também as cooperativas, embora estas não sejam entidades comerciais, mas civis.

As sociedades sem contrato social escrito (sociedades de fato) ou com contrato não registrado na Junta Comercial (sociedades irregulares) não têm direito de obter concordata preventiva ou suspensiva. E seus sócios respondem sempre, de modo subsidiário e ilimitado, pelas dívidas sociais.

O *nome comercial* é automaticamente protegido com o registro da Junta, na área de sua jurisdição, não se permitindo arquivamento de nome idêntico ou semelhante a outro já existente (princípio da anterioridade). A proteção pode ser estendida às demais Juntas, a requerimento do interessado.

Os contratos sociais das sociedades só podem ser registrados na Junta Comercial com o visto de advogado (art. 1º, § 2º, da L 8.906/94 – Estatuto da Advocacia).[5]

II – *Registro da Propriedade Industrial*: As invenções, modelos de utilidade, desenhos industriais, marcas, patentes e outros bens incorpóreos são tutelados por meio do chamado Registro da Propriedade Industrial, que será examinado em seguida, em capítulo à parte.

---

3. Trapiche – armazém geral de menor porte, na área de importação e exportação.

4. Nos termos do art. 1.150 c/c o art. 966 do CC, cabe agora também às Juntas Comerciais o registro das empresas de prestação de serviço, uma vez que se incluem no conceito de *empresário*.

5. A LC 123, de 14.12.2006, dispensou o visto de advogado no caso de microempresas e empresas de pequeno porte (art. 9º, § 2º).

Capítulo II

PROPRIEDADE INDUSTRIAL

1. A propriedade intelectual. 2. A propriedade industrial. 3. Legislação aplicável. 4. O Instituto Nacional da Propriedade Industrial (INPI). 5. Patentes e registros. 6. Invenção. 7. Modelo de utilidade. 8. Desenho industrial. 9. Dúvidas na classificação das criações. 10. O "design". 11. O "know-how" e o segredo de fábrica. 12. Marcas. 13. Cultivares. 14. Crimes contra a propriedade industrial.

1. A propriedade intelectual

Dá-se o nome de propriedade intelectual aos produtos do pensamento e do engenho humano. O tema divide-se em dois ramos: a *propriedade industrial* e a *propriedade literária, artística* e *científica*, sendo que se tem preferido denominar a última como *direito autoral*.

Aos criadores de obras intelectuais assegura a lei direitos pessoais e direitos materiais.

Entre os direitos pessoais estão o direito de paternidade ou personalidade e o direito de nominação. O direito de paternidade ou personalidade é o direito natural que liga para sempre a obra ao seu criador. O direito de nominação é o direito que tem o criador de dar o seu nome à obra.

Entre os direitos materiais estão o direito de propriedade e o direito de exploração, que constituem direitos reais e valem contra todos (*erga omnes*), podendo ser objeto de licença, cessão, compra e venda, usufruto, uso, penhor etc.

No direito autoral (ou propriedade literária, artística e científica), o criador tem desde logo todos os direitos, pessoais e materiais, independentemente de registro. Na propriedade industrial, porém, os direitos materiais só passam a existir, em regra, após o registro ou patente.

2. A propriedade industrial

Dá-se o nome de propriedade industrial à matéria que abrange as invenções, os modelos de utilidade, os desenhos industriais, as marcas, as indicações de procedência (ou indicações geográficas), as expressões ou sinais de propaganda e a repressão à concorrência desleal

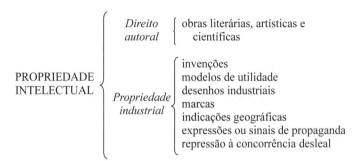

3. Legislação aplicável

A propriedade industrial regula-se pela Lei 9.279/96, com vigência a partir de 15.5.97. Alguns itens da lei entraram em vigor na data da publicação (15.5.96), como os referentes a regras transitórias de convalidação no Brasil de determinadas patentes conferidas no exterior.

4. O Instituto Nacional da Propriedade Industrial (INPI)

O INPI é uma autarquia federal. Incumbe-lhe a execução das normas da propriedade industrial, como o processamento e o exame dos pedidos de patente ou de registro.

A *Revista da Propriedade Industrial* é o órgão oficial para a publicação dos requerimentos das partes e dos atos do INPI.

5. Patentes e registros

As patentes referem-se às invenções e aos modelos de utilidade. O prazo de proteção da patente de invenção é de 20 anos, *da data do depósito*, sendo prorrogado, se for o caso, para inteirar, no mínimo, 10 anos, *da data da concessão*, ressalvada a hipótese de o INPI estar impedido de proceder ao exame de mérito do pedido, por pendência judicial ou por motivo de força maior.

A certas patentes, em andamento no exterior, foi dado um prazo, em caráter excepcional, para a sua convalidação no País, pelo tempo restante de vigência que teriam no país de origem.[1]

No modelo de utilidade, os prazos são de 15 anos *da data do depósito*, garantido o espaço mínimo de 7 anos *da data da concessão* da patente.

Extinta a patente, pelo término de seu prazo de validade, ou outro motivo elencado na lei, o seu objeto cai em domínio público (art. 78, parágrafo único).

Mas, se a extinção ocorrer por falta de pagamento da retribuição devida ao INPI, poderá a patente ser *restaurada*, pelo tempo faltante, se o titular assim o requerer em três meses da notificação da extinção (art. 87). Neste caso, o domínio público fica sujeito a uma condição suspensiva, de ocorrer ou não o pedido tempestivo de restauração da patente.

Os registros referem-se às marcas e aos desenhos industriais. O prazo de proteção da marca é de 10 anos, da data do registro, prorrogável por períodos iguais e sucessivos.

Nos desenhos industriais o prazo também é de 10 anos, da data do depósito, prorrogável por 3 períodos sucessivos de 5 anos cada.

6. *Invenção*

A invenção consiste na criação de coisa nova, suscetível de aplicação industrial. Seus requisitos são a novidade, a industriabilidade e a atividade inventiva.

Considera-se novo o que não esteja compreendido no estado da técnica. O estado da técnica é tudo aquilo que já foi feito, usado ou divulgado, em qualquer ramo e em qualquer parte do mundo, antes da data do depósito do pedido de patente. A industriabilidade consiste na possibilidade de produção para o consumo.

---

1. O chamado *pipeline*. As patentes expedidas no exterior, referentes a certos itens, como medicamentos e alimentos, antes não patenteáveis no Brasil, podem ser reconhecidas no País, pelo tempo restante de validade que teriam no país de origem, até o limite de 20 anos, desde que haja requerimento nesse sentido dentro de um ano da publicação da lei (art. 230).

A palavra inglesa *pipeline* quer dizer oleoduto, ao pé da letra, mas é empregada, aqui, com o significado de extensão ou encompridamento, de um ponto até outro. Extensão da validade de uma patente do exterior para dentro do território brasileiro, segundo os critérios estabelecidos nos arts. 230 a 232. Mas, mesmo registrada no estrangeiro anteriormente, a patente alienígena só prevalecerá aqui se, ao tempo do pedido de prioridade, já não houver registro de produto similar no Brasil (TRF-4ª R., ApCiv 5010335-26.2010.4.04.7200).

A atividade inventiva corresponde à criatividade. Não basta produzir coisa nova. É necessário também que essa coisa nova não seja apenas uma decorrência evidente do estado da técnica, ao alcance de qualquer técnico da especialidade.

A "não evidência", ou a não decorrência evidente do estado da técnica, é avaliada, entre outros critérios, pela utilização de técnicas radicalmente diferentes, pela ruptura de métodos tradicionais, pela vitória sobre um preconceito, pela dificuldade vencida, pela engenhosidade, pelo resultado imprevisto, pela originalidade etc.

REQUISITOS DA INVENÇÃO
- *Novidade*
- *Industriabilidade*
- *Atividade inventiva (criatividade)*

São patenteáveis os produtos novos e os processos novos, bem como a aplicação nova de processos conhecidos. Também podem ser patenteadas as justaposições, meios ou órgãos conhecidos, a simples mudança de forma, proporções, dimensões ou de materiais, se disso resultar, no conjunto, um efeito técnico novo ou diferente.

Agora podem também ser patenteados produtos alimentícios, químicos e farmacêuticos.

Os programas de computador são protegidos por lei especial, Lei 9.609, de 19.2.98 (Lei do *Software*).

Não são patenteáveis descobertas, teorias científicas, métodos matemáticos, concepções abstratas, regras de jogo, técnicas e métodos operatórios ou cirúrgicos, métodos terapêuticos ou de diagnóstico, o todo ou parte de seres vivos naturais, materiais biológicos encontrados na natureza e outros itens arrolados no art. 10 da Lei 9.279/96.

A descoberta, por mais importante que seja, não é patenteável, por não ser criação na acepção da lei, mas revelação de produto ou lei científica já existente na natureza. Pode-se, contudo, patentear algum processo para a utilização industrial da coisa descoberta. Como refere Jean-Michel Wagret, a descoberta da flora microbiana não podia ser patenteada, mas em compensação Pasteur patenteou validamente a fabricação de vinagre por fermentação bacteriana de vinho, bem como a fabricação asséptica de cerveja (*Brevets d'Invention et Propriété Industrielle*, p. 24).

Exemplos de invenção: uma nova máquina para debulhar milho; um novo tipo de lubrificante; um novo aparelho economizador de gasolina;

um novo carburante composto; um novo processo para amaciar madeira; um novo processo para fabricação de alumínio etc.

7. Modelo de utilidade

Considera-se modelo de utilidade a modificação de forma ou disposição de objeto de uso prático já existente, ou parte deste, de que resulte uma melhoria funcional no seu uso ou em sua fabricação.

Em outras palavras, modelo de utilidade é um *aperfeiçoamento utilitário* de coisa já existente ou de sua fabricação. Seus requisitos são a novidade de forma, de disposição ou de fabricação, a industriabilidade e a atividade inventiva.

Exemplos de modelo de utilidade: um novo modelo de enfiador de agulhas; um novo tipo de cabide de roupas; uma cadeira desmontável; um novo modelo de fossa séptica, com três câmaras de decantação; um novo modelo de brinco, facilmente adaptável à orelha; um novo grampo para cabelo; uma privada portátil; um novo suporte para ferros elétricos, mantendo-os com sua superfície para cima, perfeitamente estabilizados, podendo também funcionar como um fogareiro elétrico; um novo tipo de churrasqueira etc.

8. Desenho industrial

Nos termos da Lei 9.279/96, o desenho industrial passou a abranger dois tipos de criações, englobando não só o desenho industrial propriamente dito, como, também, o que na lei anterior se chamava "modelo industrial". Existem agora, portanto, duas modalidades de desenho industrial.

A primeira modalidade, ou desenho industrial propriamente dito, refere-se à combinação de traços, cores ou figuras a serem aplicados a um objeto de consumo, com resultado ornamental característico.

Os requisitos do desenho industrial (nas duas modalidades) são a novidade relativa, a industriabilidade e a atividade inventiva.

Exemplos de desenho industrial da primeira modalidade: um novo estampado de tecidos; novo desenho original para caixas de acondicionamento de fraldas para bebês, ornadas nas testas superiores por quatro bebês em posições distintas; nova ornamentação aplicável a cabos de colheres, garfos e facas; um novo desenho de rótulo para caixas de brinquedos; um copo ornamentado com desenhos gravados; um novo desenho de papéis de embrulho para presentes; desenho de uma embalagem, com dizeres e gravuras etc.

A segunda modalidade de desenho industrial (que na lei anterior se chamava modelo industrial) é uma modificação de forma de objeto já existente, só para fins ornamentais. É um aperfeiçoamento plástico ornamental.

Exemplos de desenho industrial da segunda modalidade (antigo modelo industrial): um novo modelo de vestido; um novo modelo de automóvel; um novo modelo de frasco para perfumes; uma nova caixa de bombons; um novo conjunto de puxadores para portas e gavetas; um novo modelo ornamental de garrafa ou vasilhame, com hexágonos salientes entrelaçados; uma nova configuração para biscoitos; um tipo de suporte ornamental para lâmpadas elétricas; um sabonete infantil com a forma de um grilo; uma nova grade ou uma nova lanterna de automóvel etc.

O desenho industrial, nas suas duas modalidades, não é mais objeto de patente, cabendo agora apenas o seu registro (arts. 109 e 236).

9. Dúvidas na classificação das criações

Às vezes não é fácil determinar em que categoria deve ser colocada uma criação. Em razão dessas possíveis dúvidas, permite a lei que o INPI proceda à adaptação do pedido, de acordo com a sua natureza correta, quando for o caso (art. 35, II).

Patenteou-se, por exemplo, um novo desenho de rastro de pneumático como desenho industrial. Parece, porém, que a classificação correta seria modelo de utilidade, por não ser uma alteração linear ou plana, nem ornamental, mas utilitária, para melhorar o agarramento do pneu ao solo.

Paolo Greco refere a possibilidade da existência de desenhos com função estritamente utilitária e não ornamental que também deveriam ser protegidos, através de uma interpretação extensiva, como um quadro com letras de várias cores, para aferir mais rapidamente a visão ou para facilitar operações aritméticas (*Lezioni di Diritto Industriale*, p. 259).

10. O "design"

A expressão desenho industrial pode referir-se também a uma outra atividade humana, ligada à criatividade em geral na indústria.

O profissional do desenho industrial (*designer*) não se limita a criar traços ou formas ornamentais, no sentido estrito que a lei dá ao desenho industrial.

Conforme ensina Gui Bonsiepe, "como disciplina que participa do desenvolvimento dos produtos, o Desenho Industrial ocupa-se dos problemas de uso, da função (no sentido de funcionamento), da produção, do mercado, da qualidade e da estética dos produtos industriais" (*Teoría y Práctica del Diseño Industrial*, p. 29).

A área do desenhista industrial é a forma, a função e o custo dos produtos, sem esquecer o aspecto visual. Para o desenho industrial, ou *design*, o homen não é um consumidor, mas um usuário. Daí também a sua preocupação com o ambiente e com a ecologia.

A teoria do desenho industrial condena a versão denominada "estilismo", ou *stylling*, que consiste em modificações superficiais do produto, para dar a ilusão de originalidade e aperfeiçoamento, aumentando eventualmente o valor de troca, mas não o valor de uso. Exceto, naturalmente, em certos ramos, em que o estilo é tudo, como no ramo da moda.

O *designer* tanto pode projetar uma máquina agrícola como desenhar um rótulo ou inventar uma nova aplicação para uma tinta fabricada por seu cliente. O seu trabalho consiste na elaboração dos mais variados projetos aplicados à produção moderna.

Portanto, do trabalho do *designer* pode eventualmente resultar um invento, ou um modelo de utilidade, que os profissionais do setor chamam de "redesenho", e até mesmo um desenho industrial, no sentido da Lei de Patentes, composto de traços ou formas plásticas ornamentais.

11. O "know-how" e o segredo de fábrica

Existem certas criações ou conhecimentos que permanecem à margem da propriedade industrial, ou por não serem patenteáveis, ou porque ao detentor não interessa a patente. Entre estes estão o *know-how* e o segredo de fábrica.

Jean-Marc Mousseron define o *know-how* ou *savoir-faire* como sendo "o conhecimento técnico não patenteado, transmissível, mas não imediatamente acessível ao público" (*apud* Chavanne e Burst, *Droit de la Propriété Industrielle*, p. 173).

O segredo de fábrica possui a mesma natureza do *know-how*, mas tem sentido mais estrito, por se referir a um processo industrial. Ambos são protegidos por meio de cláusulas contratuais específicas, bem como por sanções penais e civis.

O INPI fará o registro dos contratos que impliquem transferência de tecnologia, contratos de franquia e similares para produzirem efeitos em relação a terceiros (art. 211).

12. Marcas

Marca é um sinal distintivo capaz de diferenciar um produto ou um serviço de outro. Seu requisito básico é a novidade, no sentido de originalidade e não colidência ou semelhança com marcas anteriores.

A marca pode ser nominativa, se composta por palavras, ou figurativa, se composta por símbolos, emblemas e figuras. E será mista se composta por palavras e figuras.

A *marca de produto ou serviço* é aplicada para individualizar cada produto ou serviço. A *marca de certificação* é dada por certos institutos para atestar determinada qualificação de produto ou serviço, como o selo INMETRO (do Instituto Nacional de Metrologia) ou o selo ISO.

A *marca coletiva* é a que pode ser usada pelos produtores ou prestadores de serviços ligados a determinada entidade, associação ou cooperativa.

A proteção da marca opera-se pelo registro, válido por 10 anos, da data do registro, prorrogáveis por períodos iguais e sucessivos.

A proteção não é geral, mas limitada a classes, dentro das atividades efetivas dos requerentes.

Marcas famosas, porém, nacional ou internacionalmente, têm proteção especial na sua classe, mesmo sem registro (art. 126) (caso em que a lei as chama de "notoriamente conhecidas"). E têm proteção em todas as classes, se houver registro (art. 125) (caso em que a lei as chama de "marcas de alto renome").

Na essência, marca notoriamente conhecida e marca de alto renome são a mesma coisa. A distinção, ou a nomenclatura diferente, fica por conta de uma ou de outra situação administrativa, perante o INPI.

A marca notoriamente conhecida é uma marca famosa que não tem registro, sendo protegida, mesmo assim, dentro da sua classe. A marca de alto renome é uma marca famosa que tem registro, sendo então protegida em todas as classes.

As marcas de serviço gozam também de proteção especial, dentro de seu ramo de atividade, independentemente de registro (art. 126, § 1º).

Princípio da Especificidade ou da Especialidade. A proteção proporcionada pela legislação brasileira abrange apenas o segmento mercadológico específico. Assim, é possível a convivência de marcas idênticas, desde que em segmentos distintos. O *Princípio da Especificidade*, porém, tem sido ampliado para estender a proteção para nichos comerciais muito próximos, embora em classes distintas, sempre que a identidade de marca puder levar o público consumidor a engano.[2]

MARCAS
- *nominativa* (palavras)
- *figurativa* (figuras, símbolos, emblemas)
- *mista* (palavras e figuras)
- *de produto ou serviço*
- *de certificação* (INMETRO, ISO etc.)
- *coletiva* (usada por membros de associações ou cooperativas)
- *notoriamente conhecida* (sem registro. Proteção na sua classe)
- *de alto renome* (têm registro. Proteção em todas as classes)

13. Cultivares

A Lei 9.456/97[3] instituiu a proteção da propriedade intelectual dos cultivares, em prazos de 15 a 18 anos.

Cultivares são espécies novas de plantas, obtidas por pesquisadores ou "melhoristas".

Os cultivares podem ser registrados no Registro Nacional de Cultivares/RNC, junto ao Ministério da Agricultura, Pecuária e Abastecimento (L 10.711/2003, art. 10).

14. Crimes contra a propriedade industrial

A Lei 9.279/96 estabelece crimes contra as patentes, desenhos industriais, marcas, indicações geográficas e de concorrência desleal. Em regra, a ação penal é privada, só se procedendo mediante queixa (arts. 183 e ss.).[4]

---

2. *Pastilha e biscoito.* "Aplicação do princípio da especialidade que não deve se ater de forma mecânica à Classificação Internacional de Produtos e Serviços, podendo extrapolar os limites de uma classe sempre que, pela relação de afinidade dos produtos, houver possibilidade de se gerar dúvida no consumidor. Caso concreto em que a concessão do registro pleiteado pela autora ensejaria, no consumidor, uma provável e inverídica associação dos biscoitos recheados com as pastilhas TIC TAC comercializadas pelas rés" (STJ, REsp 1.340.933-SP (2012/0181552-5), rel. Min. Paulo de Tarso Sanseverino, j. 10.3.2015).

3. Regulamentada pelo D 2.366, de 5.11.97.

4. Sobre a ação penal nos crimes contra a propriedade imaterial, ver *Resumo de Processo Penal*.

Capítulo III

SOCIEDADES EMPRESARIAIS

PRIMEIRA PARTE – RESUMO

1. Introdução. 2. Características gerais. 3. Classificação das sociedades no Código Civil. 4. O nome. 5. Firma ou razão social. 6. Denominação social. 7. Título de estabelecimento. 8. A proteção do nome empresarial. 9. O empresário individual. 10. Sociedade em nome coletivo. 11. Sociedade em comandita simples. 12. Sociedade de capital e indústria. 13. Sociedade em conta de participação. 14. Sociedade limitada. 15. Empresa individual de responsabilidade limitada (EIRELI). 16. Sociedade anônima ou companhia: 16.1 Características – 16.2 Títulos emitidos pela sociedade anônima – 16.3 Os acionistas – 16.4 Órgãos da sociedade anônima. 17. Sociedade em comandita por ações. 18. Sociedade em comum (irregular ou de fato). 19. Modificações na estrutura das sociedades. 20. Interligações das sociedades. 21. Microempresas e empresas de pequeno porte. 22. Quadro geral das sociedades empresariais. 23. Quadro geral do comércio individual

1. Introdução

A sociedade constitui-se através de um contrato entre duas ou mais pessoas, que se obrigam a combinar esforços ou recursos para atingir fins comuns. O que mais diferencia as sociedades comerciais umas das outras é a forma de responsabilidade de seus sócios, pois, conforme o tipo de sociedade, respondem eles ou não com os seus bens particulares pelas obrigações sociais.

Outro ponto de distinção entre os diversos tipos de sociedades comerciais é a formação do nome. Por isso, com exceção da sociedade anônima, que é mais complexa e exige maiores detalhes, vamos concentrar nosso estudo nestas duas características essenciais das sociedades: a responsabilidade dos sócios e a formação do nome.

2. Características gerais

O quadro abaixo resume as características gerais da sociedade empresarial.

I – Constitui-se por contrato, entre duas ou mais pessoas;

II – nasce com o registro do contrato ou estatuto no Registro do Comércio, a cargo das Juntas Comerciais;

III – tem por nome uma firma (também chamada razão social) ou uma denominação;

IV – extingue-se pela dissolução, por expirado o prazo de duração ajustado, por iniciativa de sócios, por ato de autoridade, pela falta de pluralidade de sócios[1] etc.;

V – é uma pessoa (pessoa jurídica), com personalidade distinta das pessoas dos sócios;

VI – tem vida, direitos, obrigações e patrimônio próprios;

VII – é representada por quem o contrato ou estatuto designar;

VIII – empresária é a sociedade e não os sócios;

IX – o patrimônio é da sociedade e não dos sócios;

X – responde sempre ilimitadamente pelo seu passivo;

XI – pode modificar sua estrutura, por alteração no quadro social ou por mudança de tipo;

XII – a formação do nome da sociedade e a responsabilidade dos sócios variam conforme o tipo de sociedade;

XIII – classifica-se em "sociedade de pessoas" quando os sócios são escolhidos preponderantemente por suas qualidades pessoais, ou "sociedade de capital" quando é indiferente a pessoa do sócio, como na sociedade anônima;

XIV – é nacional a sociedade organizada de conformidade com a lei brasileira e que tenha no País a sede de sua administração (art. 1.126, CC);

XV – nas empresas jornalísticas e de radiodifusão sonora e de sons e imagens só pode participar capital estrangeiro até o limite de 30% (art. 222 da CF).

---

1. Não ocorrerá a dissolução da sociedade comercial pela falta de pluralidade de sócios, se o sócio remanescente pedir a transformação da antiga sociedade em Empresa Individual de Responsabilidade Limitada-EIRELI ou em empresário individual, no prazo de 180 dias (art. 1.033, IV e parágrafo único, do CC).

3. Classificação das sociedades no Código Civil

Nos termos do Código Civil, as sociedades dividem-se em sociedades não personificadas e sociedades personificadas.

Sociedades não personificadas são as que não têm personalidade jurídica, a sociedade em comum e a sociedade em conta de participação.

Sociedade em comum é sociedade irregular ou de fato, ou ainda em formação, não possuindo o registro competente. Os sócios, no caso, respondem solidária e ilimitadamente pelas obrigações sociais (art. 990, CC).

A *sociedade em conta de participação* é a que possui um sócio *oculto*, que não aparece perante terceiros, e um sócio *ostensivo*, em nome do qual são realizadas todas as atividades (art. 991, CC).

Sociedades personificadas são as que adquirem personalidade jurídica própria, distinta da dos sócios. Nesta categoria estão as sociedades simples, as cooperativas e as sociedades empresariais.

Sociedades simples são as dedicadas a atividades profissionais ou técnicas, como sociedades de arquitetura ou sociedades contábeis (art. 997, CC). Equivalem às sociedades civis do Código anterior. Podem assumir forma empresarial (art. 983, CC).

Cooperativas são sociedades (ou associações) sem objetivo de lucro, constituídas em benefício dos associados, podendo operar em qualquer gênero de atividade. Regulam-se pela Lei 5.764, de 16.12.71. São sempre consideradas como sociedades simples, qualquer que seja seu objeto (art. 982, parágrafo único, CC).

Sociedades empresariais são as que exercem atividade econômica organizada, para a produção ou a circulação de bens ou de serviços. Incluem a indústria, o comércio e o setor de prestação de serviços (art. 966, CC), podendo abranger também a atividade rural (art. 971, CC). Nesta classe estão a sociedade limitada, a sociedade em nome coletivo, a sociedade em comandita simples, a sociedade anônima ou companhia e a sociedade em comandita por ações.

As *associações* são pessoas jurídicas formadas pela união de pessoas que se organizam para fins não econômicos, em atividades culturais, religiosas, recreativas, esportivas etc.

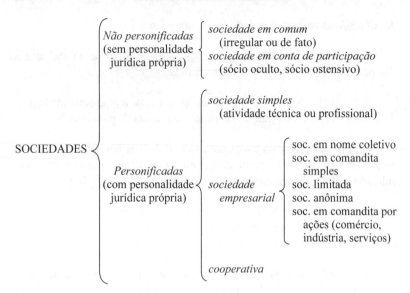

Empresa Júnior é a associação civil gerida por estudantes matriculados em cursos de graduação de instituições de ensino superior, com o propósito de realizar projetos e serviços que contribuam para o desenvolvimento acadêmico e profissional, capacitando-os para o mercado de trabalho. É regulada pela L 13.267/2016.

4. O nome

A sociedade tem por nome uma *firma* (também chamada *razão social*) ou uma *denominação social*. É a lei, em cada caso, que determina quando devemos usar uma ou outra, conforme o quadro abaixo.

SÓ PODE USAR DENOMINAÇÃO	PODEM USAR TANTO DENOMINAÇÃO COMO RAZÃO SOCIAL	SÓ PODEM USAR RAZÃO SOCIAL
Sociedade anônima	*Sociedade limitada* *Soc. em comandita por ações*	*Soc. em nome coletivo* *Soc. em comandita simples*

5. Firma ou razão social

A firma ou razão social deve ser formada por uma combinação dos nomes ou prenomes dos sócios. Pode ser formada pelos nomes de todos os sócios, de vários deles, ou de um somente. Mas, se for omitido o nome de um ou mais sócios, deve-se acrescentar "& Cia.", por extenso ou abreviadamente.

Digamos que José Pereira, Manuel Gonçalves e Abílio Peixoto organizaram uma sociedade do tipo em que se deve empregar firma ou razão social. O nome da sociedade poderá, então, ser formado da seguinte maneira:

PEREIRA, GONÇALVES & PEIXOTO
JOSÉ PEREIRA & CIA.
GONÇALVES, PEREIRA & CIA.
A. PEIXOTO & CIA.
etc.

Uma última observação: a firma ou razão social é não só o nome, mas também a assinatura da sociedade. Assim, o José Pereira, sócio-gerente da empresa acima mencionada, ao emitir um cheque, lançará nele a assinatura coletiva (Gonçalves, Pereira & Cia.) e não a sua assinatura individual.

6. Denominação social

Na denominação social não se usam os nomes dos sócios, mas uma expressão qualquer, de fantasia, indicando facultativamente o ramo de atividade, como, por exemplo, Tecelagem Moinho Velho Ltda.

Poder-se-á usar até um nome próprio, de gente, sem que isso signifique, contudo, que exista no quadro social um sócio com esse nome. Ex.: Fiação Augusto Ribeiro S/A. Neste caso o nome próprio representa apenas uma homenagem a um fundador da empresa, ou a outra pessoa grada, equiparando-se ao nome de fantasia.

Ao contrário da firma ou razão social, a denominação é só nome, não podendo ser usada como assinatura.

Assim, ao emitir um cheque, em nome da sociedade, o sócio-gerente lançará a sua assinatura individual, como representante da sociedade.

7. Título de estabelecimento

O "título de estabelecimento" é o nome que se dá ao estabelecimento comercial (fundo de comércio), ou a um local de atividades. É nome de coisa, e não de pessoa natural ou jurídica. Não se confunde, portanto, o nome da sociedade com o título do estabelecimento.

O título de estabelecimento pode também ser considerado como um apelido ou cognome da empresa. Exemplos de título de estabelecimento: Livraria São Tomé, Esquina das Batidas, O Beco das Loucuras etc.

Microempresa (ME) e empresa de pequeno porte (EPP). A microempresa acrescentará ao seu nome a expressão "Microempresa", ou abreviadamente "ME", como, por exemplo, Livraria Camões Ltda. ME. E a empresa de pequeno porte acrescentará à sua qualificação por extenso, ou abreviadamente "EPP", como, por exemplo, Fábrica de Correntes Astro Ltda. EPP.[2] Ver, adiante, o item 20.

8. A proteção do nome empresarial

A proteção ao nome comercial realiza-se no âmbito das Juntas Comerciais e decorre automaticamente do arquivamento dos atos constitutivos de firma individual e de sociedades, ou de suas alterações (art. 33 da L 8.934/94, que dispõe sobre o Registro Público de Empresas Mercantis).

Não podem ser arquivados os atos de empresas com nome idêntico ou semelhante a outra já existente (art. 35, V, da L 8.934/94).[3]

Na esfera penal o nome comercial e o título de estabelecimento são protegidos pela Lei de Patentes (L 9.279/96, art. 195, V).[4]

9. O empresário individual

Embora estejamos tratando das sociedades, cabe a observação de que o comerciante individual tem de usar necessariamente firma ou razão individual, formada com o nome pessoal do titular. O nome do empresário individual pode ser registrado completo ou abreviado, com o acréscimo, ou não, de alguma designação pessoal ou do gênero de atividade (art. 1.156, CC). A sua responsabilidade é sempre ilimitada, isto é, responde ele não só com os bens da empresa, mas também com todos os seus bens particulares.

O empresário individual não constitui pessoa jurídica, não havendo, portanto, separação entre o patrimônio pessoal do titular e o patrimônio da empresa, ou entre dívidas pessoais e dívidas da empresa. Portanto, o empresário individual não pode ser confundido com a Empresa Individual de Responsabilidade Limitada-EIRELI, que será estudada logo mais adiante.

---

2. L 11.307/2006; LC 123, de 14.12.2006.
3. Ver tb. art. 5º, XXIX, da CF e arts. 927 e ss. do CC (responsabilidade civil).
4. Art. 195, V, da L 9.279/96: "Comete crime de concorrência desleal quem usa indevidamente nome comercial, título de estabelecimento ou insígnia alheios (...)".

Apenas para fins tributários, tem-se empregado a expressão "pessoa jurídica" (impropriamente) para designar a parte do patrimônio individual aplicado na empresa. Mas, no caso de execução, serão penhorados todos os bens do titular, e não somente os aplicados no seu comércio.

O NOME COMERCIAL
- *FIRMA OU RAZÃO INDIVIDUAL* = nome e assinatura (formada com o nome do titular da empresa individual) Exemplo: J. Pereira
- *FIRMA OU RAZÃO SOCIAL* = nome e assinatura (formada com os nomes dos sócios da sociedade) Exemplo: Pereira, Gonçalves & Cia.
- *DENOMINAÇÃO* = só nome (formada por uma expressão de fantasia) Exemplo: Tecelagem Moinho Velho Ltda.
- *TÍTULO DE ESTABELECIMENTO* = apelido Exemplo: Esquina das Batidas

10. Sociedade em nome coletivo

Neste tipo de sociedade todos os sócios respondem ilimitadamente com os seus bens particulares pelas dívidas sociais. Se a sociedade não saldar seus compromissos, os sócios poderão ser chamados a fazê-lo. O nome só pode ter a forma de firma ou razão social.

É a primeira modalidade de sociedade conhecida, e costuma ser chamada também de sociedade geral, sociedade solidária ilimitada ou sociedade de responsabilidade ilimitada. Apareceu na Idade Média e compunha-se a princípio dos membros de uma mesma família, que sentavam à mesma mesa e comiam do mesmo pão.

Daí surgiu a expressão "& Companhia" (do Latim *et cum pagnis*, ou seja, o pai de família e os seus, que comiam do mesmo pão). E usava uma assinatura só, coletiva e válida para todos (um por todos, todos por um), sendo esta a origem da firma ou razão social.

SOCIEDADE EM NOME COLETIVO
- *Responsabilidade*: ilimitada, de todos os sócios
- *Nome*: firma ou razão social (composta com o nome pessoal de um ou mais sócios) (+ & Cia.)

11. Sociedade em comandita simples

Nesta sociedade existem dois tipos de sócios. Os *comanditários* ou capitalistas respondem apenas pela integralização das cotas subscritas, prestam só capital e não trabalho, e não têm qualquer ingerência na administração da sociedade.

E os sócios *comanditados* (que melhor seriam chamados de "comandantes"), além de entrarem com capital e trabalho, assumem a direção da empresa e respondem de modo ilimitado perante terceiros.

A firma ou razão social só poderá ser composta com os nomes dos sócios solidários (comanditados). Se, por distração, o nome de um sócio comanditário figurar na razão social, este se tornará, para todos os efeitos, um sócio comanditado. Referem os autores que a sociedade em comandita teve origem na *comenda marítima*, em que o proprietário de um navio se lançava em negócios além-mares, aplicando capital de outrem.

SOCIEDADE EM COMANDITA SIMPLES
- *Responsabilidade*
  - limitada do sócio comanditário
  - ilimitada do sócio comanditado
- *Nome*: firma ou razão social (composta só com os nomes dos sócios comanditados)

12. Sociedade de capital e indústria

A sociedade de capital e indústria não foi mencionada no Código Civil de 2002, deixando de existir, portanto, como tipo de sociedade. Nada impede, porém, que se adote a mesma estrutura interna, entre os sócios, numa sociedade em conta de participação.

A sociedade de capital e indústria era integrada pelo *sócio capitalista*, que entrava com o capital e respondia pelas obrigações sociais. O *sócio de indústria* entrava apenas com o seu trabalho ou conhecimentos, e por nada respondia perante terceiros.

13. Sociedade em conta de participação

A sociedade em conta de participação, chamada de "conta da metade" no Direito português, não é uma sociedade como as outras, pois na verdade não passa de um contrato para uso interno entre os sócios. Só existe entre os sócios e não aparece perante terceiros. Não tem nome nem capital. Não tem personalidade jurídica. Nem sede, nem estabelecimento.

Há um *sócio ostensivo*, em nome do qual são feitos os negócios, e um *sócio oculto* ("participante", cf. arts. 991 e ss. CC) que não aparece perante terceiros.

O sr. A e o sr. B resolvem empreender uma série de negócios em sociedade. Por motivos vários, porém, não lhes interessa constituir uma empresa comercial com nome próprio. Assim, fazem entre si um contrato de sociedade em conta de participação, estabelecendo que os negócios serão todos feitos em nome de A, que é empresário, enquanto B não aparecerá perante terceiros.

É uma sociedade oculta, mas não irregular ou ilegal, pois é admitida pela lei. O sócio ostensivo terá que ser um empresário, que responderá perante terceiros. Pode ser constituída para a realização de um negócio apenas, ou para toda uma série de negócios.

Como observa Rubens Requião, "é curiosa a sociedade em conta de participação. Ela não tem razão ou firma; não se revela publicamente, em face de terceiros; não tem patrimônio, pois os fundos do sócio oculto são entregues fiduciariamente ao sócio ostensivo que os aplica como seus (...) é uma sociedade regular, embora não possua personalidade jurídica" (*Curso de Direito Comercial*).

E, como ensina De Plácido e Silva, o "sócio ostensivo, isto é, aquele que contratar em seu nome individual, já por uma obrigação imposta ao comerciante, deve registrar, regularmente, em sua escrita (livros comerciais) todas as operações referentes à participação em que figure como contratante e responsável".[5]

SOCIEDADE EM CONTA DE PARTICIPAÇÃO { *Responsabilidade*: exclusiva do sócio ostensivo / *Nome*: não tem

14. Sociedade limitada

Na sociedade limitada, cada cotista, ou sócio, entra com uma parcela do capital social, ficando responsável diretamente pela integralização da cota que subscreveu, e indiretamente ou subsidiariamente pela integralização das cotas subscritas por todos os outros sócios. Uma vez integralizadas as cotas de todos os sócios, nenhum deles pode mais ser chamado para responder com seus bens particulares pelas dívidas da sociedade. A responsabilidade, portanto, é limitada à integralização do capital social.[6]

Imaginemos uma sociedade limitada entre A e B, com um capital de R$ 200.000,00, subscrevendo cada sócio uma cota de 100 mil. O sócio A

---

5. *Noções Práticas de Direito Comercial*, p. 197.
6. Na sociedade que envolva sócio incapaz, o capital social deve ser totalmente integralizado (CC art. 974, § 3º).

integraliza, isto é, entrega efetivamente os 100 mil à sociedade. O sócio B, porém, embora tenha subscrito também 100 mil, integraliza apenas 50 mil. Em caso de insolvência da sociedade, B terá que responder com os seus bens particulares por 50 mil. Mas se B não tiver bens, nem com o quê pagar, o sócio A terá que cobrir o débito, pois na limitada um sócio é fiador do outro pela integralização das cotas.

FÁBRICA DE LEQUES Z LTDA.
CAPITAL 200 MIL

	cota do sócio A	cota do sócio B	
valor subscrito:	100	100	Nenhum dos dois sócios responde mais pelas dívidas da sociedade, pois ambos integralizaram as suas cotas.
valor integralizado:	100	100	
valor a integralizar:	000	000	

Como ensina João Eunápio Borges, "se todas as cotas foram integralizadas, isto é, liberadas, pouco importa que a sociedade, falindo, dê integral prejuízo a seus credores. O sócio, como tal, não pode ser compelido a qualquer outra prestação suplementar" (*Curso de Direito Comercial Terrestre*, p. 22).

Uma observação: cada sócio ou cotista da limitada tem apenas uma cota, que poderá ser maior ou menor. A praxe de se atribuir nos contratos sociais várias ou inúmeras cotas a cada sócio não é de boa técnica jurídica, embora isso não cause nenhum inconveniente ou prejuízo.

O nome da sociedade por cotas pode ser formado por firma ou razão social (Pereira, Gomes & Cia. Ltda.) ou por denominação (Padaria YZ

Ltda.), sendo que neste último caso a denominação deve indicar o ramo explorado (art. 1.158, § 2º, CC).[7] Em regra, é preferível usar denominação, pois esta é mais duradoura que a razão social ou firma, que precisa ser alterada cada vez que sair um sócio cujo nome nela figure.

Indispensável é que, em todo caso, se acrescente sempre ao nome a palavra "Limitada", por extenso ou abreviadamente (Ltda.). Se for omitida essa palavra, na razão social ou na denominação, serão havidos como ilimitadamente responsáveis os sócios-gerentes e os que fizerem uso da firma social, criando-se, sem querer, uma sociedade geral ou em nome coletivo.

A sociedade por cotas de responsabilidade limitada pode ser alterada pelos sócios, deliberando-se pela maioria, baseada no valor do capital, se o contrato não disser o contrário, podendo-se alterar cláusulas, modificar a administração, aumentar o capital, admitir novos sócios etc.[8]

SOCIEDADE POR COTAS DE RESPONSABILIDADE LIMITADA
- *Responsabilidade*: limitada à integralização do capital social
- *Nome*:
  - firma ou razão social (+ Ltda.)
  - ou
  - denominação (+ Ltda.)

15. Empresa individual de responsabilidade limitada (EIRELI)

A Empresa Individual de Responsabilidade Limitada (EIRELI) é pessoa jurídica constituída por uma única pessoa (art. 980-A do CC).[9]

---

7. Para as microempresas e empresas de pequeno porte, porém, é facultativa a indicação do objeto da sociedade (art. 72 da LC 123, de 14.12.2006, Estatuto Nacional da Microempresa e da Empresa de Pequeno Porte).

8. Não pode, porém, a maioria transformar o objeto ou o tipo da sociedade (*RT* 695/98). Também não pode a maioria alterar o contrato se houver cláusula restritiva (L 8.934/94, art. 35, VI). Na omissão do contrato, o sócio pode ceder suas cotas, total ou parcialmente, a quem seja sócio, independentemente de audiência dos outros, ou a estranho, se não houver oposição de titulares de mais de um quarto do capital social (art. 1.057, CC).

9. *Pessoa jurídica titular de EIRELI.* Já se decidiu que, como o art. 980-A do CC não faz a distinção entre pessoa física ou jurídica, é possível registrar a alteração de limitada para empresa individual de responsabilidade limitada. Qualquer restrição neste sentido lançada em instrução normativa ofenderia o *Princípio da Legalidade* (19ª Vara Cível Federal em São Paulo, MS 0014472.29.2014.403.6100, j. 14.4.2015).

EIRELI – Advogado. Com a modificação trazida pela L 13.247, de 12.1.2016, o art. 15, § 1º, do *Estatuto da Advocacia* passou a prever a constituição de "sociedade unipessoal de advocacia", que adquire personalidade jurídica com o registro aprovado dos seus atos constitutivos no Conselho Seccional da OAB.

O capital deve ser necessariamente superior a 100 vezes o salário--mínimo e estar totalmente integralizado. O titular não pode figurar concomitantemente em mais de uma empresa individual de responsabilidade limitada. Após a firma ou a razão social constará obrigatoriamente a expressão "EIRELI".

Afora estas quatro exigências especiais, a EIRELI segue o regulamento geral das sociedades limitadas (veja o título anterior).

Este tipo de empresa pode ocorrer de *modo originário*, na sua constituição inicial, ou *por transformação*, quando acontecer a concentração de todas as cotas sociais de uma sociedade comercial nas mãos de um único sócio. A transformação deve ser requerida no Registro Público de Empresas Mercantis.

Por este mecanismo, qualquer espécie de sociedade comercial (em nome coletivo, comandita simples, limitada, anônima, comandita por ações) pode se transformar em empresa individual de responsabilidade limitada.

Portanto, não ocorrerá a dissolução da sociedade comercial pela falta de pluralidade de sócios, se o sócio remanescente pedir a transformação da antiga sociedade em EIRELI ou em empresário individual, no prazo de 180 dias (CC, art. 1.033, IV, e parágrafo único).

EMPRESA INDIVIDUAL DE RESPONSABILIDADE LIMITADA
- *Responsabilidade*: limitada ao capital social, que deve estar totalmente integralizado
- *Nome*: firma ou razão social (+ EIRELI)

16. Sociedade anônima ou companhia

16.1 Características

A sociedade anônima ou companhia tem as seguintes características:

a) *Grandes empreendimentos* – por causa da sua estrutura pesada, a sociedade anônima destina-se apenas aos grandes empreendimentos.

b) *Mínimo dois acionistas* – no direito anterior o mínimo era de sete acionistas. Caso curioso, e a estudar, é a subsidiária integral (art. 251 da Lei das S/A – L 6.404, de 15.12.76, com as alterações da L 9.457/97 e da L 10.303/2001), que pode ter um acionista só, o que aparentemente conflita com o conceito tradicional de sociedade.

c) *Influi na economia política* – nas grandes sociedades anônimas abertas nota-se uma profunda alteração na propriedade privada. O acionista minoritário da grande S/A é proprietário de uma parte da mesma, mas sobre ela tem um controle mínimo. A administração de sua propriedade não lhe pertence. Neste terreno desaparece o antigo *jus utendi, fruendi et abutendi* do antigo Direito Romano (direito de usar, gozar e abusar do seu domínio) e surge o divórcio entre a propriedade e a administração da coisa. Por outro lado, a expansão das S/A abertas contribui para a distribuição da renda.

d) *Impessoalidade* – ao contrário dos outros tipos de sociedade, visa-se na S/A apenas ao capital, sem maiores preocupações com qualidades ou aptidões pessoais dos acionistas.

e) *Divisão do capital em ações* – o capital social é dividido ou fracionado em pequenas partes rigorosamente iguais.

f) *É sempre empresarial* – qualquer que seja seu objeto.

g) *Fechadas ou abertas* – as sociedades anônimas são como as esfihas dos árabes. Existem as "fechadas" e as "abertas". Nas abertas predominam a subscrição pública e a democratização do capital. As abertas estão sob a fiscalização de um órgão governamental chamado *Comissão de Valores Mobiliários*. As fechadas, ao contrário, não lançam as suas ações ao público, e por isso permite a lei que tenham uma contabilidade e uma administração mais simples.

h) *De capital determinado ou de capital autorizado* – a S/A de capital determinado ou fixo constitui-se com o capital inteiramente subscrito. A de capital autorizado constitui-se com subscrição inferior ao capital declarado nos estatutos, ficando, porém, a Diretoria com poderes prévios para efetuar oportunamente novas realizações de capital, nos limites da autorização estatutária, sem necessidade de permissão da Assembleia Geral ou reforma dos estatutos.

i) *Nome* – designa-se a sociedade anônima por uma denominação, juntando-se antes ou depois do nome escolhido a expressão "Sociedade Anônima", por extenso ou abreviadamente (S/A), ou, ainda, antepondo-se a palavra "Companhia", ou "Cia.".

Exemplo:

Sociedade Anônima Tecelagem São Paulo
S/A Tecelagem São Paulo
Tecelagem São Paulo Sociedade Anônima
Tecelagem São Paulo S/A
Companhia Tecelagem São Paulo
Cia. Tecelagem São Paulo

Pode-se porém empregar na denominação um nome próprio, do fundador ou de pessoa que se queira homenagear (Panificadora José Silva S/A). A denominação deve indicar os fins sociais, ou o ramo explorado.

j) *Responsabilidade dos acionistas* – o sócio da S/A tem a designação própria de acionista. Sua responsabilidade, em princípio, é absolutamente limitada, restringindo-se à integralização das ações por ele subscritas.

Os acionistas controladores, porém, que são majoritários e que usam efetivamente seu poder, bem como os administradores, poderão responder pessoalmente pelos danos causados por atos praticados com culpa ou dolo ou com abuso de poder (arts. 117, 158, 159 e 165 da Lei das S/A).

CARACTERÍSTICAS DA S/A
- a) grandes empreendimentos
- b) mínimo dois acionistas
- c) influi na economia política
- d) impessoalidade
- e) divisão do capital em ações
- f) é sempre empresarial
- g) fechadas ou abertas
- h) de capital determinado ou de capital autorizado
- i) nome: denominação (+ S/A ou Cia.)
- j) responsabilidade dos acionistas: limitada à integralização das ações subscritas, mas os acionistas controladores e os administradores respondem por abusos

16.2 Títulos emitidos pela sociedade anônima

a) *Ações* – as ações da S/A são bens móveis e representam uma parte do capital social, a qualidade de sócio, e são também um título de crédito. Conforme a natureza dos direitos que conferem, as ações podem ser ordinárias ou comuns, preferenciais e de gozo ou fruição. E, quanto à forma, podem ser nominativas, nominativas endossáveis, ao portador, escriturais e com ou sem valor nominal.

Ações ordinárias ou comuns são as que conferem os direitos comuns de sócio, sem restrições ou privilégios.

Ações preferenciais são as que dão aos seus titulares algum privilégio ou preferência, como, por exemplo, dividendos fixos ou mínimos, ou prioridade no recebimento dos dividendos. Contudo, em troca, tais ações podem ser privadas de alguns direitos, como o de voto.[10]

Ações de gozo ou fruição. Às vezes, quando sobram lucros em caixa, pode a direção da S/A, ao invés de distribuir dividendos, resolver amortizar um lote de ações, geralmente por sorteio, pagando o valor nominal aos

---

10. O número de ações preferenciais não pode ultrapassar 50% do total das ações emitidas (art. 15, § 2º, da L 6.404/76).

seus titulares. Em seguida permite-se que aqueles antigos titulares adquiram outras ações, em substituição. Estas últimas são as de gozo ou fruição. Não representam o capital da empresa, e terão apenas os direitos que forem fixados nos estatutos ou na Assembleia.

Ações nominativas são aquelas em que se declara o nome de seu proprietário. São transferidas por termo lavrado no Livro de Registro de Ações Nominativas, recebendo o cessionário novas ações, também com a indicação de seu nome. As ações de certas empresas, como as jornalísticas e de radiodifusão, só podem ser nominativas.[11]

Ações nominativas endossáveis trazem também o nome de seu proprietário. Mas podem ser transferidas por simples endosso passado no verso ou no dorso da ação.

Ações ao portador são as que não têm declarado no seu texto o nome do seu titular. Sua transferência opera-se pela simples tradição manual. Na lei atual as ações ao portador não dão direito a voto (art. 112 da Lei das S/A).

Ações escriturais são aquelas em que não há emissão de certificado. São mantidas em conta de depósito, em nome de seus titulares, numa instituição financeira, autorizada pela Comissão de Valores Mobiliários.

Conversibilidade das ações. As ações podem ser convertidas de um tipo em outro, nos termos do estatuto, como, por exemplo, de ao portador em nominativas, ou de ordinárias em preferenciais, ou vice-versa (art. 22).

O valor das ações. O valor das ações pode ser considerado sob três aspectos. Temos primeiramente o valor nominal, estabelecido pela S/A, sendo que a lei atual permite a emissão de ações sem valor nominal. Temos também o *valor de mercado*, que é o alcançado na Bolsa ou no Balcão. E ainda o aspecto do *valor patrimonial* ou real, em que se calcula o acervo econômico global da companhia em relação ao número de ações emitidas. Outro aspecto pode ser o *valor econômico*, que é a capacidade da S/A de gerar lucro.

b) *Partes beneficiárias* – são títulos negociáveis, sem valor nominal, e estranhos ao capital social. Dão direito de crédito eventual, consistente na participação dos lucros anuais, até o limite de 10% (art. 46).[12]

c) *Debêntures* – são títulos negociáveis que conferem direito de crédito contra a sociedade, nas condições estabelecidas no certificado (art. 52).

___

11. A partir da L 8.021/90, que alterou o art. 20 da Lei das S/A, não apenas as ações de certas empresas, mas todas as ações, de todas as companhias, devem ser nominativas.
12. As partes beneficiárias, as debêntures e os bônus de subscrição devem ser nominativos (arts. 50, 63 e 78 da L 6.404/76).

Como ensina o mestre Romano Cristiano, "as partes beneficiárias e as debêntures são títulos estranhos ao capital social; seus titulares são credores da empresa. Só que o crédito relativo às partes beneficiárias é eventual: será pago nos exercícios em que houver lucros, se tal situação se verificar. Ao passo que o crédito relativo às debêntures não é eventual: no vencimento, a debênture deverá ser resgatada pela companhia" (*Características e Títulos da S/A*, p. 102).

Em resumo, quem tem uma ação é sócio-proprietário da companhia. Quem tem uma parte beneficiária é credor eventual, em relação aos lucros, se houver. E quem tem uma debênture é credor efetivo e incondicional.

d) *Bônus de subscrição* – são títulos negociáveis que conferem direito de subscrever ações. Podem ser emitidos até o limite de aumento do capital autorizado no estatuto (art. 168).

Os bônus de subscrição podem ter a finalidade de facilitar a venda de ações ou de debêntures, contribuindo, em todo caso, para uma melhor programação do aumento de capital (cf. Romano Cristiano, ob. cit., pp. 134 a 137).

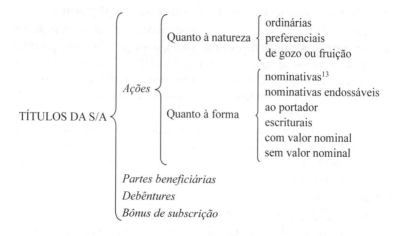

16.3 Os acionistas

Acionista comum ou ordinário é o que tem direitos e deveres comuns de todo acionista. Tem o dever de integralizar as ações subscritas (art. 106), de votar no interesse da companhia (art. 115) etc. Tem direito a di-

---

13. A partir da L 8.021/90, que alterou o art. 20 da Lei das S/A, todas as ações devem ser nominativas. As companhias abertas não podem emitir partes beneficiárias (art. 47, parágrafo único, da L 6.404/76, na redação da L 10.303/2001).

videndos (participação proporcional nos lucros), a bonificações (com base na reavaliação do ativo). Tem também o direito de fiscalizar, de participar do acervo em caso de liquidação, de ter preferência na subscrição dos títulos da sociedade etc.

Acionista controlador é a pessoa física ou jurídica que detém de modo permanente a maioria dos votos e o poder de eleger a maioria dos administradores, e que use efetivamente esse poder (art. 116). Tem os mesmos direitos e deveres do acionista comum. Mas responde por abusos praticados (art. 117).

Acionista dissidente é o que não concorda com certas deliberações da maioria, como a criação ou alteração de ações preferenciais, a modificação do dividendo obrigatório, a cisão[14] ou fusão de empresas etc. (art. 137). Tem o direito de se retirar da companhia (direito de retirada ou de recesso), mediante o reembolso do valor de suas ações, pelo valor patrimonial ou, conforme o caso, pelo valor de mercado ou pelo valor econômico (arts. 45 e 137).

Acionista minoritário é aquele que não participa do controle da companhia, ou por desinteresse ou por insuficiência de votos.

O mestre Waldírio Bulgarelli define a minoria como sendo o acionista ou conjunto de acionistas que, na Assembleia Geral, detém uma participação em capital inferior àquela de um grupo oposto (ob. cit., p. 24).

Os meios genéricos de proteção da minoria encontram-se no elenco dos direitos essenciais de todos os acionistas, minoritários ou não, como o direito ao dividendo, à fiscalização dos negócios sociais, à preferência na subscrição dos títulos da companhia, à faculdade de convocar a Assembleia Geral quando os administradores não o fizerem etc.

Como meios específicos de proteção aos minoritários podem ser apontados, por exemplo, os seguintes: a) direito de retirada ou de recesso (art. 137); b) direito de eleger um membro do Conselho Fiscal (art. 161, § 4º, "a"); c) direito de convocar a Assembleia Geral (art. 123, parágrafo único, "c"); d) dividendo obrigatório (art. 202); e) voto múltiplo (art. 141); f) direito de voto às ações preferenciais se a companhia não pagar dividendos por três exercícios consecutivos (art. 111, § 1º) etc.

Refere Waldírio Bulgarelli que entre as medidas tomadas pelos controladores em desfavor dos demais acionistas situam-se, principalmente, a não distribuição de lucros, a elevada remuneração dos diretores, o aumento do capital por subscrição, a alteração estatutária e a dissolução, com especial destaque para a venda do controle (ob. cit., p. 111).

---

14. A cisão pura e simples não dá mais direito de retirada ou recesso. Esse direito, na cisão, só permanece no caso de cisão de companhia aberta, em que a sucessora, depois, não venha a ser também aberta (art. 223, §§ 3º e 4º).

ACIONISTAS
- Acionista comum
- Acionista controlador
- Acionista dissidente
- Acionista minoritário

16.4 Órgãos da sociedade anônima

a) A Assembleia Geral

O poder supremo da companhia reside na Assembleia Geral, que é a reunião dos acionistas, convocada e instalada de acordo com os estatutos.

A Assembleia Geral tem poderes para resolver todos os negócios relativos ao objeto de exploração da sociedade e para tomar as decisões que julgar convenientes à defesa e ao desenvolvimento de suas operações, respeitados os termos da lei.

Existem vários tipos de Assembleias. A Assembleia Geral Ordinária (AGO) instala-se regularmente nos quatro primeiros meses seguintes ao término do exercício social, para os assuntos de rotina, previstos no art. 132 da Lei das S/A, como tomar as contas dos administradores, deliberar sobre a distribuição dos dividendos etc.

A Assembleia Geral Extraordinária (AGE) pode instalar-se em qualquer época, sempre que houver necessidade, geralmente para o debate e votação de assuntos não rotineiros, como, por exemplo, a reforma do estatuto (art. 131).

Além dessas, existem também as Assembleias Especiais, em que se reúnem apenas acionistas preferenciais, titulares de partes beneficiárias ou de debêntures, para o debate e votação de assuntos específicos e privativos dessas classes (arts. 18, parágrafo único, 51, §§ 1º e 2º, 57, § 2º, 71, 136, § 1º, 174, § 3º, e 231).

ASSEMBLEIAS
- Assembleia Geral Ordinária (AGO)
- Assembleia Geral Extraordinária (AGE)
- Assembleias Especiais
  - de acionistas preferenciais
  - de portadores de partes beneficiárias
  - de debenturistas

b) A Administração

A administração da companhia compete, conforme dispuser o estatuto, ao *Conselho de Administração* e à *Diretoria*, sendo que nas companhias abertas e nas de capital autorizado é obrigatória a existência do Conselho de Administração (art. 138). As fechadas não precisam ter o Conselho de Administração. Esse Conselho é que fixa a orientação geral dos negócios e, entre outras atribuições, elege e destitui os diretores, fixando-lhes as atribuições. É eleito e destituível pela Assembleia Geral e compõe-se de no mínimo três acionistas (art. 140).

A Diretoria é composta por no mínimo dois membros, acionistas ou não, eleitos e destituíveis pelo Conselho de Administração, ou, se este não existir, pela Assembleia Geral (art. 143). No silêncio do estatuto, e inexistindo deliberação do Conselho de Administração, competirão a qualquer diretor a representação da companhia e a prática dos atos necessários ao seu funcionamento regular (art. 144).[15]

c) *O Conselho Fiscal*

É composto por no mínimo três e no máximo cinco pessoas, acionistas ou não, eleitas pela Assembleia Geral. Entre várias outras atribuições, compete-lhe principalmente a fiscalização dos atos dos administradores (arts. 161 a 165). A existência do Conselho Fiscal é obrigatória. Mas o seu funcionamento pode ser permanente ou apenas eventual, restrito aos exercícios em que for instalado a pedido de acionistas (art. 161).

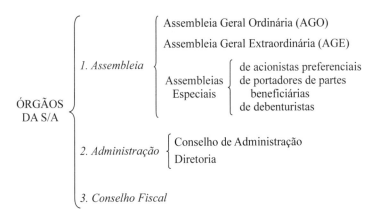

17. Sociedade em comandita por ações

Rege-se a comandita por ações pelas normas relativas às sociedades anônimas, com algumas modificações (art. 280 da Lei das S/A), e pelos arts. 1.090 a 1.092 do CC.

---

15. De acordo com a praxe, um dos membros da Diretoria será o diretor-presidente.

Na comandita por ações só acionistas podem ser diretores ou gerentes, os quais são nomeados no próprio estatuto. Somente podem ser destituídos por uma maioria de 2/3, e respondem ilimitadamente com os seus bens particulares pelas obrigações sociais.

Não se aplicam à comandita por ações as regras referentes ao Conselho de Administração, autorização estatutária de aumento de capital e emissão de bônus de subscrição (art. 284).

A comandita por ações pode usar tanto denominação como firma ou razão social, acrescentando-se sempre a expressão "Comandita por Ações". No caso de a comandita adotar firma ou razão social, só poderão ser usados na formação do nome da sociedade os nomes dos sócios-diretores ou gerentes.

O diretor da comandita por ações tem muito mais poder que o diretor da S/A, vez que não pode ser destituído facilmente, mas, em compensação, sua responsabilidade é infinitamente maior. Os sócios comanditados são os diretores ou gerentes e os sócios comanditários são os demais acionistas.

A comandita parece uma espécie extinta ou em vias de extinção. Houve época, porém, em que existiam muitas, falando-se até numa "febre de comanditas" que houve na França no século XIX. Todavia, certos princípios comanditários estão começando a se infiltrar sorrateiramente na sociedade anônima, indicando um ressurgimento da comandita, pelo menos em espírito, com as roupas da S/A.

A possibilidade de responsabilização civil por certos atos dos acionistas controladores e dos administradores da S/A não os iguala, ainda, mas aproxima-os, de certo modo, aos diretores e gerentes da comandita.

SOCIEDADE EM COMANDITA POR AÇÕES
- *Responsabilidade*
  - ilimitada dos acionistas diretores
  - limitada dos demais acionistas
- *Nome*
  - firma ou razão social (+ "Comandita por Ações")
  - ou
  - denominação (+ "Comandita por Ações")

18. Sociedade em comum (irregular ou de fato)

A sociedade em comum é uma sociedade irregular ou de fato (art. 986, CC).

Sociedade irregular ou de fato é a que não possui contrato social, ou não tem o contrato registrado na Junta Comercial ou no Registro Civil das Pessoas Jurídicas, conforme seu objeto seja comercial ou civil. A falta ou a nulidade do contrato ou do registro acarreta para a sociedade, de qualquer tipo que seja, a consequência de ser considerada uma sociedade irregular ou de fato.

A sociedade de fato não tem sequer contrato escrito. A sociedade irregular tem contrato escrito, mas não o registro do mesmo na Junta Comercial.

Como bem salienta Gabriel Nettuzzi Perez, a sociedade irregular ou de fato não tem responsabilidade jurídica plena, mas limitada ou reduzida, constituindo-se, à semelhança da massa falida ou da herança jacente, numa *quase-pessoa jurídica* ou numa pessoa jurídica imperfeita ("A pessoa jurídica e a quase-pessoa jurídica", artigo, *Justitia* 71/19).

Nos termos do CPC/2015 (art. 75, IX), a sociedade e a associação irregulares e outros entes organizados sem personalidade jurídica, serão representados em juízo, ativa e passivamente, pela pessoa a quem couber a administração de seus bens.

Em caso de falência, os sócios responderão de modo solidário e ilimitado pelas dívidas sociais, à semelhança do que ocorre na sociedade em nome coletivo (art. 990, CC). No Código Civil tem a denominação de "Sociedade em Comum" (art. 986).

SOCIEDADE EM COMUM (IRREGULAR OU DE FATO)
- *Responsabilidade*: ilimitada de todos os sócios
- *Nome*: (prejudicado)

19. Modificações na estrutura das sociedades

O assunto é regulado pela Lei das S/A e pelos arts. 1.113 a 1.122 do CC.

Transformação: a sociedade passa de um tipo para outro, como, por exemplo, de S/A para Ltda., ou vice-versa.

Incorporação: uma ou mais sociedades são absorvidas por outra.

Fusão: unem-se duas ou mais sociedades para formar uma terceira.

Cisão: a sociedade transfere patrimônio para uma ou mais sociedades.

20. Interligações das sociedades

Sociedades coligadas: quando uma participa, com 10% ou mais, do capital da outra, sem controlá-la (1.099, CC).

Sociedade controladora: é a titular de direitos de sócio que lhe assegurem, de modo permanente, preponderância nas deliberações sociais e o poder de eleger a maioria dos administradores da sociedade controlada. A controladora tem as mesmas obrigações que o acionista controlador (art. 246 c/c os arts. 116 e 117 da Lei das S/A).

Sociedade de simples participação: quando uma participa do capital da outra com menos de 10% do capital com direito a voto (art. 1.100, CC).

Subsidiária integral: tem como único acionista uma outra sociedade, que deve ser brasileira (art. 251 da Lei das S/A).

Grupo de sociedades: é constituído pela controladora e suas controladas, combinando esforços ou recursos para empreendimentos comuns. A controladora ou "de comando de grupo" deve ser brasileira. Constitui-se por convenção aprovada pelas sociedades componentes. O grupo não tem nome, no sentido técnico do termo, pois não tem firma ou razão social, nem denominação social. Tem apenas uma "designação", na qual devem constar as palavras "Grupo de Sociedades" ou "Grupo" (art. 267 da Lei das S/A). O grupo não adquire personalidade jurídica. Mas pode ser representado perante terceiros por pessoa designada na convenção.

Consórcio: é o contrato pelo qual duas ou mais sociedades, sob o mesmo controle ou não, se comprometem a executar em conjunto determinado empreendimento. O consórcio não tem personalidade jurídica e não induz solidariedade (arts. 278 e 279 da Lei das S/A). No Direito americano o consórcio tem o nome de *joint-venture*.

21. Microempresas e empresas de pequeno porte

Legislação ("ME" e "EPP"). A matéria regula-se pela Lei Complementar 123, de 14.12.2006 (Estatuto Nacional da Microempresa e da Empresa de Pequeno Porte), com alterações das Leis Complementares 127/2007 e 128/2008.

Enquadramento e nomenclatura (art. 3º da LC 123/2006). A microempresa (receita bruta anual até R$ 360.000,00) acrescentará ao seu nome a expressão "Microempresa" ou abreviadamente "ME", como, por exemplo, Livraria Camões Ltda. ME. A empresa de pequeno porte (receita bruta anual de R$ 360.000,01 até R$ 4.800.000,00) acrescentará ao nome a sua qualificação por extenso, ou abreviadamente "EPP", sendo facultativa nas duas espécies a inclusão do objeto da empresa.

Apesar da diferença de enquadramento e nomenclatura, não há na lei nenhuma diferença de tratamento entre "ME" e "EPP". O que se aplica a uma aplica-se também à outra.

A opção pelo sistema da lei (SIMPLES) será feita na forma a ser estabelecida pelo Comitê Gestor (art. 16),[16] sendo mantidas as inscrições já realizadas anteriormente (art. 16, § 4º). Certas empresas não podem ingressar no sistema, como as sociedades por ações ou as que se dedicam a consultoria (arts. 3º, § 4º, e 17).

O pequeno empresário. Há uma terceira figura, a do "pequeno empresário", ou Microempreendedor Individual-MEI, que é um empresário individual, com receita bruta anual até R$ 60.000,00. Tem tratamento favorecido quanto ao sistema de contabilidade e escrituração de livros (LC 123/ 2006, art. 68; LC 128/2008; CC, arts. 970 e 1.179).

Abrangência da LC 123/2006 ("ME", "EPP"). O Estatuto envolve a União, os Estados, o Distrito Federal e os Municípios, instituindo regime especial de arrecadação tributária, com recolhimento de 8 impostos e contribuições mediante documento único de arrecadação (IRPJ, IPI, CSLL, COFINS, PIS/PASEP, INSS sobre a folha, ICMS, ISS – art. 12, Regime Especial Unificado de Arrecadação de Tributos e Contribuições – SIMPLES Nacional).

Abrange também:

– preferência nas licitações públicas (art. 44);

– acesso aos Juizados Especiais Cíveis (art. 74);

– fiscalização tributária orientadora (dupla visita) (art. 55);

– dispensa da publicação de atos societários (art. 71);

– dispensa de algumas obrigações trabalhistas (art. 51);

– estímulo ao crédito (art. 57).

Órgãos reguladores. Nos aspectos tributários o sistema será gerido pelo *Comitê Gestor do Simples Nacional – CGSN* (regulamentado pelo D 6.038/2007) e nos demais aspectos por um *Fórum Permanente* (art. 76 da LC 123/2006).

São impenhoráveis os bens essenciais para a atividade da microempresa (art. 833, V, CPC) (TRF-3ª R., ApCiv 0011457-71.2013.4.03.6105-SP).

---

16. O D 6.038/2007 regulamentou o Comitê Gestor do Simples Nacional – CGSN.

22. Quadro geral das sociedades empresariais

1. Soc. em nome coletivo	*Responsabilidade*:	ilimitada, de todos os sócios
	Nome:	firma ou razão social (composta com o nome pessoal de um ou mais sócios, acrescentando-se "& Cia.", se omitido o nome de qualquer deles)
2. Soc. em comandita simples	*Resp.*	limitada do sócio comanditário ilimitada do sócio comanditado
	Nome:	firma ou razão social (composta só com os nomes dos sócios comanditados)
3. Soc. em conta de participação	*Resp.*	exclusiva do sócio ostensivo nenhuma do sócio oculto (participante)
	Nome:	não tem
4. Soc. limitada	*Resp.*	limitada de todos os sócios à integralização do capital social
	Nome:	firma ou razão social (mais Ltda.) ou denominação (mais Ltda.)
5. Soc. anônima ou companhia	*Resp.*	*acionistas comuns*: limitada à integralização de suas ações *acionistas controladores*: idem, mas respondem por abusos
	Nome:	denominação (mais S/A ou Cia.)
6. Soc. em comandita por ações	*Resp.*	ilimitada dos acionistas diretores limitada dos demais acionistas
	Nome:	firma ou razão social ou denominação (mais "Comandita por Ações")
7. Soc. em comum (irregular ou de fato)	*Resp.*	ilimitada de todos os sócios
	Nome:	(prejudicado)

23. Quadro Geral do Comércio Individual

Empresário individual	*Resp.*	ilimitada
	Nome:	nome do empresário (completo ou abreviado) com ou sem acréscimo de designação pessoal ou gênero de atividade
Empresa individual de responsabilidade limitada	*Resp.*	limitada ao capital social necessariamente integralizado
	Nome:	firma ou razão social + EIRELI

SEGUNDA PARTE – TEMAS VARIADOS

1. Sociedade de marido e mulher. 2. A sociedade de um sócio só. 3. Penhora de cotas da sociedade, por dívida do sócio. 4. Penhora de bens particulares do sócio de sociedade limitada. 5. Mercado de capitais. Distribuição das ações e outros títulos. 6. Vocabulário das sociedades por ações e do mercado de capitais. 7. Desconsideração da pessoa jurídica.

1. Sociedade de marido e mulher

Muitos julgados consideram nula a sociedade civil ou comercial constituída apenas por duas pessoas que sejam marido e mulher, seja qual for o regime de bens, especialmente se for o da comunhão (*RT* 418/213, 444/142, 468/69, 484/149; *JTACSP* 2/29, 13/135, 28/115, 40/43, 40/170; *RDM* 3/90; *RJTJESP* 21/190).

Segundo esses julgados, tal sociedade teria objetivos fraudulentos, como a alteração do regime de bens, ou a limitação da responsabilidade no exercício de um comércio, que, no fundo, seria individual.

O Código Civil de 2002 abordou a questão, facultando aos cônjuges contratar sociedade, entre si ou com terceiros, desde que não tenham casado no regime da comunhão universal de bens ou no da separação obrigatória (art. 977, CC).

Hoje, a mulher casada não é mais relativamente incapaz, não depende de autorização do marido para comerciar, e pode excluir a sua meação, ou comprometê-la definitivamente, associando-se ao marido. Além disso, como já decidiu o STF, a fraude não se presume (*RTJ* 68/247).[1]

2. A sociedade de um sócio só

Como ensina Angelo Grisoli, existem sociedades originariamente unipessoais e sociedades preordenadas ou reduzidas a um sócio só (*Las Sociedades con un Solo Socio*).

---

1. Ver adiante a teoria da desconsideração da pessoa jurídica, em relação à sociedade de marido e mulher, item 7.

Entre nós, o fenômeno da sociedade de um sócio só pode ocorrer de modo originário na subsidiária integral, e de modo derivado na concentração posterior, acidental ou preordenada, de todas as ações em poder de um só acionista, ou pela saída ou morte de sócios nos outros tipos de sociedade. A unipessoalidade ocorre também em empresas públicas, com a forma de S/A, tendo como único acionista um órgão público.

Conforme dispõe o art. 206 da Lei das S/A (L 6.404/1976), verificada em Assembleia Geral Ordinária a existência de apenas um único acionista, pode a companhia prosseguir operando pelo prazo de um ano, dissolvendo-se depois, se o mínimo de dois acionistas não for reconstituído, ressalvadas as hipóteses de constituição originária na forma de subsidiária integral e de transformação em EIRELI.[2] Mesmo a dissolução não extingue a personalidade jurídica da sociedade, que continua a viver para se concluírem as negociações pendentes e se proceder à liquidação das ultimadas (*RT* 379/143).

A unipessoalidade posterior ou derivada não é de compreensão muito difícil, pois encontraria seu fundamento na permanência da figura da pessoa jurídica da sociedade já existente, que não se confunde com as pessoas dos sócios.

Difícil é explicar o enigma de uma sociedade unipessoal originária, como pode ser a nossa subsidiária integral, ou a *wholly owned subsidiary* dos americanos.

Talvez a eventual solução estaria numa das seguintes teses, que servem mais a título de indagação do que de explicação:

1) a subsidiária integral seria um estabelecimento comercial pertencente à sociedade controladora, mas dotado de personalidade jurídica própria;

2) a sociedade anônima seria uma sociedade apenas nominal ou virtual, de natureza jurídica institucional, com um ou mais participantes;

3) na subsidiária integral a pluralidade de sócios estaria implícita, em face da pluralidade existente na sociedade controladora.

3. *Penhora de cotas da sociedade, por dívida do sócio*

Tema bastante controvertido é a possibilidade, ou não, de penhora de cotas sociais, de sociedade limitada, por dívida particular de sócio. Há três correntes a respeito.

2. Empresa Individual de Responsabilidade Limitada-EIRELI (ver as características no capítulo anterior).

Primeira corrente: as cotas podem ser penhoradas, por serem patrimônio do sócio (*RT* 699/206, 716/208). *Segunda corrente*: as cotas não podem ser penhoradas, por integrarem o patrimônio da sociedade (*RT* 548/210, 584/218). *Terceira corrente, intermediária*: as cotas podem ser penhoradas se o contrato social não proibir a cessão de cotas a terceiros (*RT* 595/169, 719/275).

De acordo com a lei, cabe ao credor, na insuficiência de bens do devedor, executar o que a este couber nos lucros da sociedade, ou na parte que lhe tocar na liquidação (art. 1.026 do CC).

4. Penhora de bens particulares do sócio de sociedade limitada

Em princípio, não podem ser penhorados os bens particulares de sócio de sociedade limitada, por dívida da sociedade, uma vez integralizado o capital social.

Os sócios-gerentes ou os que derem o nome à firma só poderão ser responsabilizados se praticarem atos com excesso de mandato ou com violação do contrato ou da lei (art. 10 do D 3.708, de 10.1.1919) (ver tb. art. 158 da Lei das S/A – L 6.404/76).

Contudo, em questões de Direito Tributário e de Direito Trabalhista tem-se admitido a penhora de bens de sócio se a empresa foi desativada, sem encerramento regular (*RT* 572/240).

Ultimamente a mesma tendência tem-se estendido também à penhora de bens de sócio por dívidas comerciais da sociedade, especialmente se houve dissolução ou encerramento irregular (*RT* 711/117, 713/177, 721/156, 723/348, 763/250, 769/252).

5. Mercado de capitais. *Distribuição das ações e outros títulos*

A compra e venda de ações e de outros títulos, com oferta pública, é disciplinada pelo Conselho Monetário Nacional e pelo Banco Central do Brasil. O sistema de distribuição de títulos ou valores mobiliários no mercado de capitais é constituído das Bolsas de Valores, das corretoras, das instituições financeiras autorizadas, das empresas que tenham por objeto a subscrição de títulos para revenda ou distribuição no mercado etc. (L 4.728, de 14.7.65, que disciplina o mercado de capitais).

As Bolsas de Valores são associações civis, sem fim lucrativo, cuja finalidade é manter um espaço ou sistema adequado para a compra e venda de títulos e valores mobiliários, em mercado aberto.

O *certificado de ações* é o título definitivo representativo de ações. Em regra, esse título é múltiplo, representando uma série de ações, pois não seria prático emitir um certificado para cada ação. Antes do certificado, costuma-se emitir um papel chamado *cautela*, que é um título provisório, representativo de ações, substituível oportunamente pelo certificado.

Em anexo às cautelas ou certificados podem existir *cupons*, que são destacados por ocasião do recebimento de dividendos ou outras vantagens. Ao se quitar a vantagem devida, destaca-se o cupom respectivo.

6. Vocabulário das sociedades por ações e do mercado de capitais

Como complemento ao estudo das sociedades por ações, parece interessante referir aqui algumas expressões usadas pelos especialistas do mercado de capitais, aproveitando a oportunidade para rever palavras usadas nas sociedades por ações.

Muitos conceitos são do *Dicionário do Mercado de Capitais e Bolsas de Valores*, publicação oficial da Bolsa de Valores do Rio de Janeiro, do livro *O Jogo da Bolsa*, de Alfredo da Silva, e do artigo "Economês não existe para humilhar ninguém", de Léo Borges Ramos, publicado na revista *Ele/Ela*, n. 112.

"Por que é que a Bolsa sobe? Por que é que ela baixa? Quando dizem que a Bolsa sobe, isso significa que as ações estão se valorizando. Essa valorização é causada pela demanda maior de determinados papéis.

"Mas qual é a causa dessa demanda?

"São as seguintes as principais causas dessas altas e baixas:

"Boas notícias. Más notícias. Calamidades. O Governo. Dividendos. Bonificações. Subscrições. E as ovelhas. Bem como influências fabricadas, como as fofocas, as puxadas de preço e as jogadas" (do livro *O Jogo da Bolsa*, de Alfredo da Silva).

A

Ação – Título de propriedade, negociável, representativo de uma fração do capital social de uma S/A. Confere a qualidade de sócio. É um título de crédito. Pode ser vendida, cedida, caucionada, dada em usufruto ou em alienação fiduciária.

Ação ao Portador – Ação que não identifica o nome do seu proprietário, pertencendo a quem a tiver em seu poder. Os direitos, quando distribuídos, são exercidos por quem esteja de posse dos títulos. A mudança da propriedade opera-se pela simples entrega dos títulos ao novo proprietário.[3]

Ação Cheia – Ação que ainda não recebeu ou exerceu direitos (div. e/ ou bon. e/ou subsc.) concedidos pela empresa emissora.

Ação de Gozo ou Fruição – É emitida em substituição às ações de capital que se amortizam.

Ação Endossável – Ação que pode ser transferida mediante simples endosso no verso da cautela ou certificado.[2]

Ação Escritural – Ação em que não há emissão de título.

Ação Nominativa – Ação que identifica o nome de seu proprietário (atualmente as ações só podem ser nominativas – art. 20 da Lei das S/A).

Ação Preferencial – Ação que dá a seu possuidor prioridade no recebimento de dividendos e/ou, em caso de dissolução da empresa, no reembolso do capital. Normalmente não tem direito a voto em Assembleia.

Ação Vazia – Ação que já exerceu os direitos concedidos pela empresa emissora.

Acionista – Sócio de uma S/A ou de uma Comandita por Ações; titular de ações.

Acionista, Direitos do – Participação nos lucros (dividendos) e no acervo da Cia. em caso de liquidação; fiscalizar a gestão dos negócios sociais; preferência na subscrição de títulos da S/A; direito de recesso ou de retirada; direito de receber informações, de assistir às Assembleias e de votar.

Acionista, Deveres do – Integralizar as ações subscritas; votar no interesse da Cia.

Acionista Controlador – É o que detém de modo permanente a maioria dos votos e que usa efetivamente o seu poder de eleger a maioria dos administradores.

AGE – "Assembleia Geral Extraordinária". É a reunião dos acionistas, convocada e instalada na forma da lei e dos estatutos, a fim de deliberar sobre qualquer matéria de interesse social.

Ágio – Percentagem paga acima do valor da ação.

AGO – "Assembleia Geral Ordinária". É a reunião dos acionistas para a verificação dos resultados de um exercício, para a discussão e votação dos relatórios de Diretoria e para a eleição do Conselho Fiscal.

---

3. Atualmente as ações só podem ser nominativas (art. 20 da Lei das S/A).

Alta – Tendência do mercado de ações em geral, ou de uma determinada ação, em que, pela predominância da procura, há elevação nos preços dos papéis.

Amortização – Consiste na distribuição aos acionistas, a título de antecipação e sem redução do capital social, de quantia que lhes poderia tocar em caso de liquidação da empresa.

Assembleia Geral – É a reunião dos acionistas para deliberar sobre os negócios sociais.

B

Blue Chip – Ação de grande liquidez e procura no mercado de ações, por parte dos investidores, em geral de empresas tradicionais e de grande porte.

Boleto – Documento no qual os operadores registram os negócios de compra e venda de ações no recinto das Bolsas de Valores.

Bolsa de Valores – Local de encontro dos operadores das corretoras. Sociedade civil sem fins lucrativos.

Bonificação – Ações distribuídas gratuitamente (filhotes) aos acionistas, ou aumento do valor nominal das ações (carimbo), devido à reavaliação do ativo. Correção monetária do capital social.

Bônus de Subscrição – Título negociável emitido por uma empresa dentro do limite de aumento do capital autorizado nos estatutos e que dá direito à subscrição de ações.

Boom – Fase do mercado de ações em que o volume de transações ultrapassa, acentuadamente, os níveis médios em determinado período; as cotações atingem níveis extremamente altos.

Bull – Especulador que espera uma alta do mercado.

C

Calispa – Caixa de Liquidação de São Paulo. Sociedade anônima pertencente à Bolsa e às corretoras de valores.

Capital Aberto, Sociedade de – S/A que tem as suas ações negociadas na Bolsa.

Capital Autorizado, Sociedade de – S/A cujo capital foi aprovado como meta futura pela Assembeia Geral.

Capital Fechado, Sociedade de – S/A com capital de propriedade restrita. Empresa familiar.

Carimbo – Forma com que o mercado passou a denominar os aumentos de capital, via aumento do valor nominal das ações.

Carteira de Ações – Conjunto de ações de propriedade de uma pessoa física ou jurídica.

Caução – Depósito de títulos ou valores efetuado junto ao credor para garantir a liquidação de uma dívida.

Cautela – Título provisório, representativo de ações, que é posteriormente substituído pelo certificado de ações.

Certificado de Ações – Título definitivo, representativo de ações.

Cisão – Operação pela qual a Cia. transfere parcelas do seu patrimônio para uma ou mais sociedades.

Comandita por Ações – Tipo de sociedade semelhante à S/A, distinguindo-se, porém, pela formação do nome e pela responsabilidade solidária dos diretores, que só podem ser acionistas.

Consórcio – Convenção contratual pela qual duas ou mais empresas unem seus esforços para executar determinado empreendimento.

Conversão de Ações – Faculdade prevista no estatuto da S/A de transformação de um tipo de ação em outro, como de ao portador a nominativas, ou de ordinárias em preferenciais, e vice-versa.

Corretor Autônomo – Pessoa física que atua por conta própria, à base de comissão, agindo como intermediário entre o investidor e uma distribuidora, corretora ou outra organização financeira.

Corretoras – Só elas podem atuar nos pregões da Bolsa. Têm a função de comprar, vender, distribuir e administrar títulos, ações e outros papéis.

Crack – Momento em que a cotação das ações atinge níveis extremamente baixos.

Cupom – *Ticket* anexo a uma cautela, ou certificado destacável por ocasião de recebimento de dividendo ou bonificação, ou para o exercício de direito de subscrição.

CVM – "Comissão de Valores Mobiliários". Órgão federal responsável pela disciplina, fiscalização, emissão e distribuição de valores mobiliários no mercado de capitais, pela organização e funcionamento das Bolsas de Valores, auditoria nas empresas abertas e serviços de consultor e analista de valores mobiliários.

D

Debênture – Título que representa um empréstimo contraído por uma S/A mediante lançamento público ou particular, garantido pelo ativo da sociedade e com preferência para o resgate.

Debênture Conversível em Ações – Debênture que pode ser convertida em ações, em épocas e condições predeterminadas, mediante aumento de capital social, por opção de seu portador.

Denominação Social – Uma das formas de nome das sociedades. A S/A só pode usar denominação.

Deságio – Diferença, para menos, entre o valor nominal e o preço de compra de um título de crédito.

Direito de Recesso – O acionista dissidente da deliberação que aprovar a incorporação da empresa em outra sociedade ou sua fusão tem direito de se retirar da empresa, mediante o reembolso do valor de suas ações.

Direito de Retirada – O mesmo que direito de recesso.

Direito de Subscrição – Direito que tem um acionista de subscrever novos títulos da S/A.

Disclosure – Abertura de informações, por parte da empresa, aos acionistas.

Distribuidora – Organização credenciada pelo Banco Central para colocar títulos no mercado.

Diversificação – A sabedoria de não jogar tudo numa só ação.

Dividendo – Importância paga aos acionistas, em dinheiro, em proporção à quantidade de ações possuídas e com recursos oriundos dos lucros gerados pela empresa em um determinado período. Pela Lei das S/A, deverá ser distribuído um dividendo mínimo de 25% do lucro líquido apurado em cada exercício social.

E

Embonecamento – Mau hábito de corretora, consistente em comprar sempre caro e vender sempre barato as ações de seus clientes.

Empresa *Holding* – Ver *Holding*.

Endosso – Assinatura do proprietário no verso de um título, para transferir a sua propriedade.

Ex-Direitos – Negociações de uma ação após o exercício de um direito.

F

Filhote – Bonificação. Ações distribuídas gratuitamente aos acionistas, em decorrência de aumento de capital realizado com a incorporação de reservas.

Fundo Mútuo – Conjunto de recursos administrados por uma sociedade corretora ou banco de investimentos, que se aplica em uma carteira diversificada de títulos, distribuindo o resultado aos quotistas.

Fungibilidade – É a possibilidade de restituição de títulos custodiados, sem a identificação das numerações das cautelas depositadas, inicialmente, em uma instituição financeira.

Fusão – União de duas ou mais sociedades, para formar uma nova.

G

Gap – Representa um hiato nas cotações. Por exemplo: no caso de alta, a mínima de um dia é maior que a máxima da véspera.

Grupo de Sociedades – Pode ser constituído pela controladora e suas controladas. Não tem nome, apenas uma designação. Não tem personalidade jurídica.

H

Holding – Empresa que detém o controle acionário de uma empresa ou de um grupo de empresas subsidiárias. Sociedade controladora.

I

Incorporação – Uma ou mais sociedades são absorvidas por outra.

Índice BOVESPA – índice de lucratividade da Bolsa de Valores de São Paulo.

Insider – Investidor que tem acesso às informações de uma determinada empresa, antes do conhecimento público.

Investidor Institucional – Instituição que dispõe de vultosos recursos mantidos com certa estabilidade, destinados à reserva de risco ou à renda patrimonial, e que investe esses recursos no mercado de capitais.

J

Jogada – Manobra em Bolsa. Puxada de preços. Difusão de fofocas, informações, boatos.

L

Lance – Preço oferecido em pregão por um lote de ações.

Letra de Câmbio – Título de crédito correspondente a uma ordem de pagamento à vista ou a prazo.

Letra Imobiliária – Título emitido pelas sociedades de crédito imobiliário, destinado à captação de recursos para financiamento do Plano Nacional da Habitação.

Limites de Alta e Baixa – Barreira de oscilação, de 10% a mais e 10% a menos, do preço médio da ação, em relação à cotação do dia anterior.

Limpeza de Ações – Apresentação das cautelas de ações nas empresas para recebimento dos direitos vencidos: dividendos, bonificações ou subscrições.

Liquidez – Propriedade de uma ação, pela qual ela é fácil de vender.

Lote – Quantidade de títulos propostos para negociação em público pregão.

M

Mercado a Termo – É aquele cujas liquidações se processam após cinco dias do seu fechamento.

Mercado à Vista – É aquele cujas liquidações se processam até cinco dias da data do fechamento de uma operação com ações.

Mercado de Balcão – Mercado de títulos sem lugar físico para o desenrolar das negociações. Os negócios são fechados via telefonemas entre instituições financeiras. São negociadas ações de empresas não registradas em Bolsas de Valores e outras espécies de títulos.

Mercado de Capitais – É o conjunto das operações financeiras de médio, longo e prazo indefinido, normalmente efetuadas diretamente entre poupadores e empresas, ou através de intermediários financeiros não bancários, geralmente destinadas ao financiamento de investimentos fixos.

Mercado Fracionário – É a transação de quantidade de ações, em lotes de número irregular, geralmente abaixo de 100 ações.

Mercado Paralelo – Movimentação ilegal de numerário destinado a atender a quem não quer ou não pode utilizar-se do mercado financeiro para obter crédito.

Mercado Primário – É a colocação, em mercado, de títulos novos.

Mercado Secundário – Transferências de recursos e títulos entre investidores.

Mercado Touro – Alta generalizada dos títulos.

Mercado Urso – Estabilização ou queda geral dos títulos.

N

Nível de Suporte – Cotação mínima provável de uma ação numa data.

O

Obrigações do Acionista – Integralizar as ações subscritas; votar no interesse da Cia.

ON – Ações ordinárias nominativas.

OP – Ações ordinárias ao portador.

Open Market – Conjunto de operações realizadas com títulos de emissão do Governo, normalmente de curto prazo e utilizado como instrumento de política monetária. Através das operações de *open market*, as autoridades monetárias podem manter o controle dos meios de pagamento do sistema econômico.

Outsider – Investidor que não tem acesso às informações de uma empresa.

Ovelhas – Investidores leigos, que aplicam em ações na Bolsa sem nenhum plano, sistema ou prática. São influenciados por boatos, fofocas, informações, agindo sempre como os outros querem; são seguidores prontos para serem tosquiados.

Overnight – Operação financeira, de um dia útil para outro, com garantia de títulos públicos, a taxas de mercado.

P

PP – Ação preferencial ao portador.

Par – Valor de uma ação idêntico ao oficial ou nominal.

Partes Beneficiárias – Títulos negociáveis, não integrantes do capital, sem valor nominal, emitidos a qualquer tempo pelas S/A.

Prazo de Subscrição – Prazo estipulado por uma S/A para o exercício do direito de subscrição pelo acionista.

Pregão – "Recinto de Negociações das Bolsas de Valores". Local mantido pelas Bolsas, adequado ao encontro de seus membros e à realização, entre eles, de negociações de compra e venda de ações, em mercado livre e aberto.

Prospecto – Folheto contendo informações sobre a oferta ou lançamento de títulos de uma empresa. O prospecto deve conter informações completas sobre a situação e as perspectivas da empresa, bem como a natureza dos títulos oferecidos.

Puxada de Preço – Manipulação para fazer baixar ou subir determinada cotação.

R

Reajuste – Movimento de baixa, usualmente de curta duração, que ocorre durante um processo de alta de preços.

Recesso – Ver Direito de Recesso.

Reembolso – Pagamento aos acionistas dissidentes.

Repique – Movimento de alta, usualmente de curta duração, que ocorre durante o processo de baixa.

Resgate – Consiste no pagamento do valor das ações, para retirá-las definitivamente de circulação, com redução ou não do capital social. Se o capital for mantido, será atribuído novo valor nominal às ações remanescentes.

Retirada – Ver Direito de Retirada, ou Direito de Recesso.

S

Sociedade Anônima – Empresa com o capital dividido em ações. A responsabilidade dos sócios ou acionistas limita-se à integralização das ações subscritas. Mas os acionistas controladores e os administradores poderão responder civilmente por abusos.

Sociedade Controlada – É aquela cuja maioria de ações com voto encontra-se em poder de outra sociedade, denominada controladora.

Sociedade Controladora – É a titular de direitos de sócio que lhe assegurem, de modo permanente, a preponderância nas deliberações sociais e o poder de eleger a maioria dos administradores da sociedade controlada.

Sociedade de Capital Aberto – S/A que lança as suas ações ao público.

Sociedade de Capital Autorizado – S/A cujo capital foi aprovado como meta futura pela Assembleia Geral.

Sociedade de Capital Determinado – A que se constitui com o capital inteiramente subscrito.

Sociedade de Capital Fechado – S/A que não lança as suas ações ao público.

Sociedade de Economia Mista – Sociedade em que o Estado participa como acionista majoritário, reservando para si o controle da mesma. Regula-se pela Lei das S/A. Tem Conselho de Administração obrigatório, e o Conselho Fiscal é de funcionamento permanente. Não está sujeita a falência, mas os seus bens são penhoráveis e executáveis.

Sociedade em Comandita – Ver Comandita por Ações.

Sociedades Coligadas – Participação de uma sociedade em outra, com 10% ou mais, sem controlá-la.

Sociedades Nacionais – São as organizadas na conformidade da lei brasileira e que têm no País a sede de sua administração.

Sócio Solidário – É o que responde com os seus bens particulares pelas dívidas da empresa, depois de executados os bens desta.

Subscrição – Chamada de capital feita por uma empresa através do lançamento de novas ações.

Subsidiária Integral – S/A que tem como único acionista uma sociedade brasileira.

Sustentador – É uma pessoa que não deixa cair a cotação de uma ação abaixo de certo nível, através de compras reiteradas.

T

Take Over Bids – Oferta pública de aquisição de ações de uma determinada Cia., para assumir o controle da mesma.

Títulos de Renda Fixa – São aqueles em que se conhece antecipadamente a renda proporcionada.

Títulos de Renda Variável – São aqueles em que a lucratividade só é conhecida no resgate.

Transformação – A sociedade passa de um tipo para outro, sem dissolução ou liquidação; por exemplo, de S/A para Ltda. Ou vice-versa.

U

Underwriters – Instituições financeiras altamente especializadas em operações de lançamento de ações no mercado primário. Subscritores.

Underwriting – É uma operação realizada por uma instituição financeira mediante a qual, sozinha ou organizada em consórcio, subscreve o saldo de emissão, para posterior revenda ao mercado. Subscrição.

V

Valor de Mercado – É o valor da ação alcançado na Bolsa ou no Balcão.

Valor Nominal – É o valor mencionado na carta de registro de uma empresa e atribuído a uma ação representativa do capital. É impresso no certificado de ações.

Valor Patrimonial ou Real – É o resultante da avaliação de todo o acervo da empresa, dividido pelo número de ações existentes.

Valorização – É o aumento do valor da cotação a curto ou longo prazo, sendo essa cotação o valor pelo qual poderíamos negociar uma ação.

7. Desconsideração da pessoa jurídica

a) Conceito

A sociedade, simples ou empresarial, tem individualidade própria, não se confundindo com as pessoas dos sócios.

Essa regra, porém, é derrogada às vezes por um fenômeno a que se tem dado o nome de *desconsideração da pessoa jurídica*.

Pode-se conceituar a teoria da desconsideração como sendo um afastamento momentâneo da personalidade jurídica da sociedade, para destacar ou alcançar diretamente a pessoa do sócio, como se a sociedade não existisse, em relação a um ato concreto e específico.

Geralmente a desconsideração é aplicada para corrigir um ato, no qual a sociedade deixou de ser um sujeito, passando a ser mero objeto, manobrado pelo sócio para fins fraudulentos.

Mas pode também a teoria ser aplicada diretamente pela lei, ou por considerações outras, independentemente de qualquer abuso ou má-fé, e até de modo a favorecer o sócio, como veremos adiante.

A aplicação da teoria não suprime a sociedade, nem a considera nula. Apenas, em casos especiais, declara-se ineficaz determinado ato, ou se regula a questão de modo diverso das regras habituais, dando realce mais à pessoa do sócio que à sociedade.

A teoria da desconsideração da pessoa jurídica surgiu pela primeira vez na jurisprudência da Inglaterra, mas cresceu e desenvolveu-se nos Estados Unidos e de lá estendeu-se para outros países.

No Brasil a teoria foi introduzida por Rubens Requião, numa conferência proferida na Faculdade de Direito da Universidade Federal do Paraná (*RT* 410/12).

No Estrangeiro a teoria tem recebido o nome de *disregard of legal entity* (desconsideração de entidade legal), *lifting the corporate veil* (levantamento do véu corporativo), *Durchgriff der juristischen Person* (penetração através da pessoa jurídica), *superamento della personalità giuridica* (Itália), ou *teoria de la penetración* (Argentina).

b) *A desconsideração na jurisprudência*

Na jurisprudência, a principal aplicação da teoria é a de tornar ineficaz a ação de certos sócios que desvirtuam a pessoa jurídica da sociedade, desviando-a de suas finalidades normais, passando a usá-la como instrumento para a prática de atos fraudulentos.

Na maioria dos casos em que a teoria foi aplicada, tanto no Brasil como no Estrangeiro, existia dentro da sociedade um supersócio, detentor de 90% (ou até de 99%) das quotas ou ações, distribuído o resto entre seus familiares, tratando-se então, na verdade, de sociedades fictícias, unipessoais ou imaginárias.

Numa sociedade dessas, às vezes, o supersócio tem bens particulares, mas a sociedade nada tem para oferecer à penhora.

Penhoram-se então os bens do sócio, desconsiderando-se a existência da pessoa jurídica (nesse sentido: *RT* 568/108, 592/172, 614/109, 631/197, 713/138, 821/295).

Outras vezes, os únicos componentes da sociedade são marido e mulher, sendo a pessoa jurídica pobre, mas ricas as pessoas físicas dos sócios. Penhoram-se então os bens dos sócios, para o pagamento de dívidas da sociedade (*RT* 418/213, 484/149; *RJTJESP* 85/97).

Houve o caso de um casal que, na iminência de sofrer uma execução por dívida particular, transferiu seus bens para uma sociedade, a título de aumento de capital, sociedade, essa, que tinha como únicos sócios o mesmo casal. Ora, se dentro e fora da pessoa jurídica as partes são as mesmas, deve-se aplicar a desconsideração, como bem observou Rolf Serick.

Mas, por si só, não justifica a desconsideração o fato de se tratar de sociedade de marido e mulher, ou de sociedade com preponderância exagerada de um sócio. O que realmente pode dar motivo à desconsideração é a configuração de um abuso intolerável e chocante praticado através da pessoa jurídica da sociedade.

O abuso consiste no prejuízo de outrem, causado através de manobras com a sociedade, que passa a ser utilizada como um outro eu, um *alter ego* do sócio, que nada mais visa do que a seus interesses pessoais. Ou, nas palavras de Marçal Justen Filho, o abuso consiste na "utilização anormal e surpreendente da pessoa jurídica" (*Desconsideração da Personalidade Societária no Direito Brasileiro*, p. 129).[4]

4. Ultimamente alguns acórdãos têm responsabilizado pessoalmente os sócios, por dívidas de sociedade limitada, unicamente em razão de sua dissolução irregular, criando

A desconsideração pode ser aplicada em casos de fraude à lei e ao contrato, ou de fraude contra credores e fraude à execução.

A teoria não se aplica somente no caso de dívidas em dinheiro, podendo ser utilizada também com referência a qualquer outra espécie de obrigação.

Cita-se o caso de um comerciante individual que vende seu estabelecimento, assumindo a obrigação de não se estabelecer novamente nas imediações. Em seguida, cria uma sociedade, onde é majoritário, e volta ao comércio na região vedada, através da sociedade.

A manobra deve ser neutralizada, com a aplicação da teoria da desconsideração, sendo a sociedade obrigada a cumprir a obrigação anterior, assumida individualmente pelo sócio preponderante.

c) *A desconsideração na lei*

O Código Civil define a desconsideração da pessoa jurídica no seu art. 50: "Em caso de abuso da personalidade jurídica, caracterizado pelo desvio de finalidade, ou pela confusão patrimonial, pode o juiz decidir, a requerimento da parte, ou do Ministério Público quando lhe couber intervir no processo, que os efeitos de certas e determinadas relações de obrigações sejam estendidos aos bens particulares dos administradores ou sócios da pessoa jurídica".

O *Código de Defesa do Consumidor*, Lei 8.078, de 11.9.90, no seu art. 28, adotou plenamente a teoria da desconsideração da personalidade jurídica: "Art. 28. O juiz poderá desconsiderar a personalidade da sociedade quando, em detrimento do consumidor, houver abuso de direito, excesso de poder, infração da lei, fato ou ato ilícito ou violação dos estatutos ou contrato social. A desconsideração também será efetivada quando houver falência, estado de insolvência, encerramento ou inatividade da pessoa jurídica provocados por má administração".

A teoria da desconsideração foi também adotada pela L 9.605/98, referente ao meio ambiente.

d) *A desconsideração a favor do sócio*

Geralmente a desconsideração é aplicada para neutralizar algum ato condenável, praticado pelo sócio através da sociedade. Há um exemplo, porém, em que a teoria assume um aspecto francamente favorável ao sócio.

É o caso da Súmula 486 do STF, que admite a retomada de prédio para sociedade da qual o locador, ou seu cônjuge, seja sócio, com parti-

---

assim uma nova aplicação, ou ampliação, da teoria da desconsideração da pessoa jurídica (*RT* 763/250, 769/252).

cipação predominante no capital social, ficando neutralizado com isso o princípio da distinção entre a sociedade e os sócios.

e) A transferência de qualidades pessoais do sócio para a sociedade

Às vezes alguma particularidade do sócio é transferida para a sociedade, como se esta lhe absorvesse as qualidades pessoais.

Em caso de guerra, por exemplo, a aplicação de medidas contra súditos de país inimigo costuma levar em consideração mais a nacionalidade do sócio que a da sociedade.

f) Desconsideração e nulidade

A desconsideração tem índole diversa da nulidade. Na desconsideração mantém-se íntegra e plenamente válida a sociedade, bem como, em regra, todos os atos por ela praticados.

Apenas, ignora-se a existência da sociedade num determinado passo, regulando-se o ato de modo diverso do habitual, com vistas a um sócio por detrás da sociedade.

A desconsideração, ao contrário da nulidade, não implica necessariamente a invalidação de atos jurídicos.

g) Desconsideração e responsabilidade estatutária do sócio

Em cada tipo de sociedade há regras que regulam a responsabilidade do sócio pelas dívidas da sociedade. Há regras gerais e regras especiais.

Entre as regras gerais está, por exemplo, a responsabilidade do sócio da sociedade limitada pela integralização do capital, ou o pagamento das ações subscritas, na sociedade anônima.

Como regra especial pode ser apontada, por exemplo, a responsabilização do sócio-gerente na limitada, ou do acionista controlador, na sociedade anônima, por atos praticados com fraude ou abuso.

Estas responsabilizações, porém, constantes das diversas leis que regulam cada tipo de sociedade, não pertencem à teoria da desconsideração. A responsabilidade do sócio, aí, deriva dos próprios estatutos sociais, ou seja, da consideração da sociedade, e não da sua desconsideração.

Só se pode falar em desconsideração quando o sócio é alcançado independentemente do tipo e da estrutura da sociedade e de suas regras particulares de responsabilização.[5]

---

5. Teoria da aparência: sobre essa teoria ver o *Resumo de Obrigações e Contratos*, vol. 2 desta *Coleção Resumos.*

h) Desconsideração inversa

Excepcionalmente, admite-se também a desconsideração inversa da autonomia patrimonial da pessoa jurídica para responsabilizá-la por dívidas do sócio controlador, quando este desfalca seu patrimônio pessoal, transferindo abusiva ou fraudulentamente bens para a sociedade, em prejuízo de terceiros.[6] A hipótese se aplica ainda quando o sócio controlador se vale do expediente para subtrair ou diminuir a meação de seu cônjuge ou companheiro.[7]

DESCONSIDERAÇÃO DA PESSOA JURÍDICA

- *Conceito*: afastamento monetário da personalidade jurídica da sociedade, para destacar ou alcançar o sócio por detrás dela

- *Casos de aplicação*:
  - por causa de abuso da personalidade jurídica da sociedade
  - em virtude de lei
  - por equidade

- *Aplicação mais frequente*:
  - sociedades que tenham supersócio
  - sociedade de marido e mulher

- *Nomes no Estrangeiro*:
  - *disregard of legal entity*
  - *lifting the corporate veil*
  - *Durchgriff der juristischen Person*
  - *superamento della personalità giuridica*
  - *teoría de la penetración*

- *Efeitos*:
  - neutralização de um ato
  - regulamentação da questão de modo diverso das regras habituais

- *Desconsideração inversa*: Responsabilização da pessoa jurídica por fraude ou ato abusivo do sócio controlador

---

6. REsp 1.493.071 e 948.117.
7. REsp 1.236.916.

Capítulo IV

TÍTULOS DE CRÉDITO

PRIMEIRA PARTE – RESUMO

1. Definição de título de crédito. 2. Títulos cambiais e títulos cambiariformes. 3. Características dos títulos de crédito. 4. O formalismo dos títulos de crédito. 5. Legislação aplicável. 6. Como aplicar a Lei Uniforme das Letras de Câmbio e Notas Promissórias. 7. Pagamento dos títulos de crédito. 8. O endosso. 9. O aval. 10. A apresentação e o aceite. 11. O protesto. 12. A ação cambial. 13. A anulação dos títulos de crédito. 14. A prescrição. 15. A letra de câmbio. 16. A nota promissória. 17. O cheque. 18. A apresentação do cheque. A decadência. 19. A duplicata. 20. O conhecimento de depósito e o "warrant". 21. Debêntures. 22. O conhecimento de transporte ou de frete. 23. Cédulas de crédito. 24. Notas de crédito. 25. Letras imobiliárias. 26. Cédulas hipotecárias. 27. Certificados de depósito. 28. Cédula de Produto Rural (CPR). 29. Letra de Crédito Imobiliário. 30. Cédula de Crédito Imobiliário. 31. Cédula de Crédito Bancário. 32. Títulos do agronegócio.

1. Definição de título de crédito

Título de crédito é um documento formal, com força executiva, representativo de dívida líquida e certa, de circulação desvinculada do negócio que o originou. Na definição de Brunner, título de crédito é "o documento de um direito privado que não se pode exercitar, se não se dispõe do título". E, para Vivante, "título de crédito é um documento necessário para o exercício do direito literal e autônomo nele mencionado".

2. Títulos cambiais e títulos cambiariformes

As cambiais genuínas ou básicas são a letra de câmbio e a nota promissória. Todos os demais títulos de crédito, como o cheque, a duplicata, o conhecimento de depósito, a cédula de crédito à exportação, e muitos outros, são apenas assemelhados ou cambiariformes, na designação de Pontes de Miranda. As regras da letra de câmbio e da nota promissória aplicam-se aos títulos cambiariformes, em tudo que lhes for adequado, inclusive a ação de execução.

3. Características dos títulos de crédito

a) *Documentalidade* – o título de crédito é sempre um documento, necessário para o exercício do direito que representa.

b) *Força executiva* – o título de crédito tem força idêntica a uma sentença judicial transitada em julgado, dando direito diretamente ao processo de execução.

c) *Literalidade* – o título de crédito vale pelo que nele está escrito, não se podendo alegar circunstância não escrita.

Como diz Whitaker, a letra exprime fielmente quanto vale e vale nominalmente quanto exprime (*Letra de Câmbio*, p. 39).

d) *Formalismo* – o título de crédito é formal. Em princípio, se faltar uma palavra que por lei nele deveria necessariamente constar, o documento não valerá mais como título de crédito. Por exemplo, se não estiver escrita a expressão "Nota Promissória" no título, então o papel não vale como nota promissória.

e) *Solidariedade* – todas as obrigações constantes do título são solidárias. Cada um dos coobrigados (sacador, aceitante, emitente, endossante ou avalista) pode ser chamado a responder pela totalidade da dívida.

f) *Autonomia* – a autonomia é a desvinculação da causa do título em relação a todos os coobrigados.

g) *Independência* – a independência é uma extensão da autonomia, significando a desvinculação entre os diversos coobrigados, um em relação ao outro. "Cada qual se obriga por si, e responde pelo cumprimento da obrigação contraída" (Paulo Maria de Lacerda, *A Cambial no Direito Brasileiro*, p. 371).

h) *Abstração* – a abstração nada mais é que mais um aspecto da autonomia. O próprio título também é desvinculado da causa.

Poderíamos distinguir entre autonomia, independência e abstração, valendo-nos do seguinte esquema:

I – desvinculação da causa em relação a todos coobrigados = *autonomia*;

II – desvinculação recíproca entre os diversos coobrigados = *independência*;

III – desvinculação da causa em relação ao próprio título = *abstração*.

A independência e a abstração constituem, portanto, uma mera extensão da autonomia. Onde não há autonomia, não há também independência, nem abstração.

Enquanto o título ainda estiver entre os participantes originários do negócio subjacente, a autonomia, a independência e a abstração serão apenas relativas (*juris tantum*), admitindo, por isso, a discussão da causa do título e a comunicação das exceções.

Após o primeiro endosso, porém, e desde que dado a endossatário de boa-fé, a autonomia, a independência e a abstração passam a ser efetivas e de caráter absoluto (*juris et de jure*), impedindo a discussão da causa.

A teoria dos títulos de crédito foi construída em função da circulação e do endossatário de boa-fé. Na ausência deste e daquela, não se justifica nenhum rigor cambial. Como pontifica Saraiva, só depois de adquirido em boa-fé por outrem passa o título a ter valor definitivo e irretratável (*A Cambial*, § 14, p. 106).

i) *Circulação* – característica básica dos títulos de crédito é a sua circulação, vez que têm eles por fim facilitar as operações de crédito e a transmissão dos direitos neles incorporados. A transmissão dá-se regularmente pela tradição ou pelo endosso, a terceiro de boa-fé.

Deve-se salientar que a aplicação das regras cambiais pressupõe não apenas a simples circulabilidade, mas a circulação efetiva. "Assim, quando o título de crédito, embora destinado à circulação, permanece nas mãos do portador originário, não encontram aplicação os princípios dos títulos de crédito; o título, nessa hipótese, funciona como um título comum de legitimação, salvo os efeitos particulares que possam derivar de sua eventual qualidade de título executivo. Só a efetiva circulação acarreta o surgimento dos problemas característicos dos títulos de crédito e a aplicação das normas com eles relacionadas" (Giuseppe Ferri, *Manuale di Diritto Commerciale*, pp. 606 e 607).[1]

---

1. A L 8.021, de 12.4.90, proibiu a emissão de títulos ao portador ou nominativos endossáveis (art. 2º, II): "Art. 2º. A partir da data de publicação desta Lei, fica vedada: (...) II – a emissão de títulos e a captação de depósitos ou aplicações ao portador ou nominativos--endossáveis". No entanto, a superveniência do CC, em 2002, revogou esta proibição no que tange à emissão de títulos endossáveis (art. 890 do CC, segunda figura). Já os títulos ao portador podem ser emitidos apenas se autorizados por lei especial (art. 907 do CC).

A finalidade da lei foi a de identificar os contribuintes, para fins fiscais, conforme consta no seu preâmbulo, e não a de abolir os títulos de crédito ou suprimir a sua circulação.

Por isso, a transmissão dos títulos de crédito deve ocorrer somente por endosso em preto ou pleno, consignando-se sempre o nome do beneficiário.

CARACTERÍSTICAS DOS TÍTULOS DE CRÉDITO

Documentalidade	formalismo	Independência
força executiva	solidariedade	Abstração
literalidade	autonomia	Circulação

4. O formalismo dos títulos de crédito

Como vimos, os títulos de crédito são formais. No seu contexto devem constar os dados obrigatórios previstos em lei. De um modo geral, devem eles conter os seguintes elementos:

a) a denominação, conforme o caso, em vernáculo ou expressão equivalente na língua em que foram emitidos: "Letra" ou "Letra de Câmbio", "Nota Promissória", "Cheque", "Duplicata" etc.;

b) o mandato (na letra e no cheque), ou a promessa (na promissória), pura e simples, de pagar uma quantia determinada, expressa em algarismos e/ou por extenso;

c) o nome de quem deve pagar (sacado);

d) o número de um documento do devedor (RG, CNPJ ou CPF, título eleitoral ou carteira profissional);

e) a indicação do lugar em que o pagamento se deve efetuar;

f) a época do pagamento; na omissão, o título passa a ser à vista (art. 889, § 1º, CC);

g) a indicação da data e do lugar em que o título é passado;

h) o nome da pessoa a quem ou à ordem de quem deve ser pago o título;

i) a assinatura de quem passa o título (sacador ou subscritor);

j) o número de ordem, o número da fatura, o domicílio do vendedor e do comprador, no caso das duplicatas.

Todavia, a cambial emitida ou aceita com omissões, ou em branco, pode ser completada pelo credor de boa-fé antes da cobrança ou do protesto (Súmula 387 do STF).

Os títulos podem ser emitidos por computador (art. 889, § 3º, CC).

Alguns desses elementos ou requisitos supra são considerados essenciais, como a denominação, a soma em dinheiro e o mandato ou promessa de pagamento. Outros são secundários ou supríveis, como a data do vencimento ou o lugar da emissão (cf. arts. 2º e 76 da Lei Uniforme das Letras; art. 2º da Lei Uniforme do Cheque). A inobservância do item "d" (número de documento do devedor) não afeta a validade ou a exequibilidade do título (*JTACSP* 18/196).

5. Legislação aplicável

No que se refere às *letras de câmbio* e *notas promissórias* vigora entre nós, como estatuto cambial básico, a Lei Uniforme de Genebra, ou, mais precisamente, a Lei Uniforme das Letras e Promissórias. Mas na parte em que não foram derrogadas subsistem ainda certas leis anteriores sobre o assunto, como o Decreto 2.044, de 31.12.1908.

Na omissão da lei especial, aplica-se o CC como fonte subsidiária (art. 903, do CC).

A Lei Uniforme das Letras e Promissórias foi elaborada por convenção internacional, em 1930, sendo depois aprovada pelo Decreto Legislativo 54, de 8.9.64, e promulgada pelo Decreto 57.663, de 24.1.66.

Quanto ao cheque, porém, acontece o contrário. Agora o estatuto básico do cheque é a Lei 7.357, de 2.9.85, ficando a Lei Uniforme do Cheque como diploma subsidiário na parte não derrogada pela lei nova.

Até essa data, ou seja, 2.9.85, vigorava entre nós, como lei interna básica, a referida Lei Uniforme do Cheque, elaborada por convenção internacional, em 1931, aprovada depois pelo Decreto Legislativo 54 e promulgada pelo Decreto Executivo 57.595, de 7.1.66.

Muitas vezes os tratados e convenções internacionais trazem no seu contexto regras de Direito comum a serem aplicadas no território dos países signatários. Esses preceitos passam a ser lei interna, no mesmo nível das leis ordinárias federais, depois que o tratado é aprovado e promulgado.

Como já se decidiu, "os tratados e convenções internacionais, uma vez referendados pelo Poder Legislativo e promulgados, incorporam-se ao Direito interno, com a mesma força das demais leis" (*RT* 450/241; *RTJ* 58/70).

Recapitulando, quanto às letras e promissórias vigora atualmente a Lei Uniforme das Letras e Promissórias, com a subsistência de algumas normas anteriores, como o Decreto 2.044, de 31.12.1908, na parte não derrogada.

Quanto ao cheque, porém, a Lei Uniforme do Cheque foi substituída pela Lei 7.357, de 2.9.85, ficando da legislação uniforme apenas eventual parte não derrogada.

6. Como aplicar a Lei Uniforme das Letras de Câmbio e Notas Promissórias

Em apenso ao Decreto 57.663, de 24.1.66, encontramos o Anexo I e o Anexo II da Convenção sobre Letras e Notas Promissórias. O Anexo I é a própria Lei Uniforme e o Anexo II é a lista articulada das reservas ou ressalvas, que modificam ou excluem o disposto no Anexo. Em geral, as reservas são derrogatórias.

A primeira providência do intérprete é riscar os arts. 1, 4, 8, 11, 12, 14, 18, 21, 22 e 23 do Anexo II, porque essas reservas não interessaram ao Brasil, como se vê no item 1º do Decreto 57.663/66.

A redação do item 1º do Decreto 57.663/66 é reconhecidamente defeituosa. Onde se lê "com reservas aos artigos tais do Anexo II", leia-se "com as reservas *dos* artigos tais do Anexo II". A interpretação literal, sem a necessária correção, faria supor a existência de reservas das reservas, o que é um contrassenso.

O decreto promulgou portanto a Lei Uniforme (Anexo I), com as reservas dos arts. 2-3-5-6-7-9-10-13-15-16-17-19 e 20 do Anexo II. Das 23 reservas oferecidas, o Brasil adotou apenas 13.

O Anexo I deve ser conjugado com os artigos não riscados do Anexo II. Cada vez que examinarmos um artigo da Lei Uniforme (Anexo I), teremos que verificar necessariamente se ele não foi derrogado ou modificado por algum dos 13 artigos restantes do Anexo II (lista das reservas).

Ao conjugar o Anexo I com o Anexo II, devemos observar os seguintes princípios:

1º. Se o Anexo II nada disser, valerá o que ficou dito no Anexo I.

2º. Havendo reserva derrogatória no Anexo II, cancela-se a disposição do Anexo I, e se substitui a mesma pela norma correspondente da lei cambial brasileira (D 2.044/1908) ou por outra lei interna pertinente.

3º. Mas, se, apesar da reserva, não houver lei brasileira para a substituição, permanecerá válida a regra do Anexo I.

Esses princípios simplificados e esquematizados baseiam-se nas teses vencedoras do mestre Antônio Mercado Júnior. Observa Paulo Restiffe Netto, na sua valiosa obra: "firmou-se a jurisprudência, a partir do STF, em consonância com o magistério do Prof. Mercado Júnior (*RTJ* 58/74, 60/217 e 468; *RT* 442/160, 443/225, 228, 253 e 332). É também a nossa posição, já externada em artigos doutrinários (*RT-Informa* 61 e 71)" (*Lei do Cheque*, p. 18).

Em síntese, o manuseio da Lei Uniforme obriga o interessado a dar os seguintes passos:

a) riscar do Anexo II as reservas não adotadas;

b) anotar ao lado de cada reserva restante a regra correspondente da nossa lei cambial interna;

c) anotar ao lado de cada artigo do Anexo I a eventual reserva existente no Anexo II;

d) iniciar então o estudo da Lei Uniforme (Anexo I), verificando sempre as reservas do Anexo II e o reenvio às normas internas brasileiras.

7. Pagamento dos títulos de crédito

No pagamento de títulos de crédito, o devedor pode exigir do credor, além da entrega do título, quitação regular (art. 901, parágrafo único, CC). O pagamento parcial não pode ser recusado (art. 902, § 1º, CC), devendo ser dada quitação em separado e outra no próprio título (art. 902, § 2º, CC).

8. O endosso

O endosso é uma forma de transmissão dos títulos de crédito. O proprietário do título faz o endosso lançando a sua assinatura no verso ou no dorso do documento. No endosso em branco ou incompleto, lança-se apenas a assinatura, sem indicar a favor de quem se endossa. No endosso em preto ou pleno, escreve-se o nome do beneficiário.

O endosso tem duplo efeito. Transmite a propriedade do título e gera uma nova garantia para ele, pois o endossante é corresponsável pela solvabilidade do devedor do título, bem como dos endossantes anteriores.

Existe também o endosso impróprio, que não transfere a propriedade do título, como o endosso-procuração ou o endosso-caução.

O endosso posterior ao protesto por falta de pagamento (endosso tardio ou póstumo), ou feito depois de expirado o prazo fixado para se fazer o protesto, produz apenas os efeitos de uma cessão ordinária de crédito, permitindo a mais ampla discussão da causa do título (art. 20 da Lei Uniforme das Letras), não perdendo, porém, o direito à ação executiva (*JTACSP* 23/148, 31/168, 33/65).

Não vale a cláusula proibitiva de endosso (art. 890, CC).

9. O aval

No aval, como ocorre na fiança, o avalista se obriga pelo avalizado, assim como o fiador se obriga pelo afiançado, comprometendo-se a satisfazer a obrigação, no todo ou em parte, caso o devedor principal não a cumpra. O avalista que paga sub-roga-se nos direitos derivados da propriedade do título.

Existem, contudo, várias diferenças entre o aval e a fiança, como por exemplo as seguintes:

a) na fiança é necessária a formalização da obrigação do fiador por escrito; no aval basta o lançamento da assinatura do avalista no título;

b) a fiança é um contrato acessório; o aval é autônomo;

c) na fiança a responsabilidade é subsidiária, salvo estipulação em contrário; no aval a responsabilidade é sempre solidária;

d) a fiança é dada para garantir contratos; o aval é dado para garantir títulos de crédito;

e) a fiança pode ser dada num documento em separado; o aval só pode ser dado no próprio título ou em folha anexa;

f) a fiança é garantia pessoal (*in personam*); o aval, ao contrário, garante diretamente o título (*in rem*).

Não cabe aval parcial (art. 897, parágrafo único, CC). Pode o aval ser dado mesmo após o vencimento do título (art. 900, CC).

Na fiança, a outorga uxória/marital é imprescindível, já que sua ausência implica ineficácia total da garantia,[2] exceto se o regime de casamento for o da separação absoluta.

Quanto ao aval, a exigência constante do art. 1.647 do CC só atinge os títulos regidos pelo próprio CC (atípicos). Assim, o aval firmado em títulos de créditos nominados (típicos), regulados por leis especiais, como a letra de câmbio, a nota promissória etc., não carece de outorga uxória ou marital.[3]

10. A apresentação e o aceite

A apresentação é o ato de submeter uma ordem de pagamento ao reconhecimento do sacado. Pode significar também o ato de exigir o pagamento.

O aceite é o reconhecimento da validade da ordem, mediante a assinatura do sacado, que passa então a ser o aceitante. A falta ou a recusa do aceite prova-se pelo protesto (apresentação pública).

Permite a lei que o aceite seja apenas parcial (art. 26 da Lei Uniforme das Letras). Neste caso, o título deve ser protestado, ficando o sacador responsável pela diferença (arts. 43, § 1º, e 44 da Lei Uniforme das Letras).

11. O protesto

O protesto é a apresentação pública do título ao devedor, para o aceite ou para o pagamento. O título tem de ser protestado contra o sacado, ou

---

2. V. art. 1.647, CC, e Súmula STJ-332.
3. Cf. STJ, REsp 1.526.560, j. 16.3.2017.

contra o emitente da nota promissória, no primeiro dia útil que se seguir ao da recusa ou ao do vencimento, se o portador não quiser perder o direito de regresso contra os demais coobrigados (protesto necessário).[4]

O protesto é tirado apenas contra o devedor principal ou originário, devendo dele ser avisados os outros coobrigados. Os títulos não sujeitos a protesto necessário devem ser levados a protesto especial, para fins falimentares.

O protesto indevido ou abusivo pode ser sustado, através da medida cautelar de sustação de protesto, com a caução ou depósito da quantia reclamada.

Tem-se admitido o cancelamento do protesto em três hipóteses: a) por defeito do protesto, como a falta de intimação do devedor ou irregularidade do edital; b) por defeito do título, reconhecido por sentença, como no caso do cheque falso ou da duplicata fria; c) pelo pagamento do título protestado, com a anuência do credor.[5]

A Lei 9.492, de 10.9.97, permite o cancelamento do protesto, pelo próprio cartório, com a entrega do título original, devidamente quitado, ou com a declaração de anuência de todos que figurem no registro do protesto.

O protesto, judicial ou cambial, interrompe a prescrição (CC, art. 202, II e III).

12. A ação cambial

A ação cambial é executiva. Nos títulos de crédito não há necessidade de um prévio processo de conhecimento, partindo-se desde logo para o processo de execução, pois esses títulos têm força idêntica a uma sentença judicial transitada em julgado.

A ação cambial é direta quando proposta contra o devedor principal e seus avalistas, e indireta, ou de regresso, quando proposta contra os demais coobrigados e respectivos avalistas. Na ação direta não há necessidade de protesto.

Responde pela dívida todo e qualquer coobrigado, independentemente da ordem cronológica das assinaturas, por se tratar de dívida solidária e autônoma. Na letra e na promissória são devidos juros legais, a partir do vencimento (art. 42, al. 2, da Lei Uniforme), e no cheque a partir da apresentação ao sacado (art. 52, II, da L 7.357/85).

---

4. Quanto à duplicata, o prazo de protesto é de 30 dias, a partir do vencimento (art. 13, § 4º, da L 5.474/68).
5. Para a microempresa e a empresa de pequeno porte basta o título original quitado (LC 123/2006, art. 73, III).

Perdido o direito de ação executiva, por decadência ou prescrição, pode ainda o portador mover ação ordinária de enriquecimento ilícito contra o sacador ou aceitante, para se ressarcir dos prejuízos efetivos, devendo, porém, demonstrar a origem ou a causa da obrigação (arts. 884, CC, 48 do D 2.044/1908 e 61 da L 7.357/85). O prazo de prescrição da ação de locupletamento ilícito é de 3 anos (art. 206, § 3º, IV, do CC), contados a partir do dia em que se consumou a prescrição da ação executiva (3 anos, do caso de letra de câmbio ou nota promissória).

13. A anulação dos títulos de crédito

Em caso de extravio ou destruição do título, poderá ser requerida a sua nulidade, nos termos do art. 36 do Decreto 2.044/1908.

Mesmo que não tenha havido extravio ou destruição, permitem alguns julgados a anulação do título, a requerimento do interessado, nas hipóteses de erro, dolo, coação, simulação ou fraude (*RT* 464/140, 475/125, 498/219; *JTACSP* 15/24, 25/91, 29/32).

Outros julgados, porém, em respeito ao aspecto cambial, permitem apenas a ação declaratória, para o fim de impedir o protesto e declarar a inexistência da obrigação em relação ao autor, subsistindo as outras obrigações cambiais eventualmente existentes no título (*RT* 485/121).

14. A prescrição

A letra de câmbio, a nota promissória e a duplicata prescrevem contra o devedor principal em três anos da data do vencimento. O cheque prescreve em seis meses, contados do termo do prazo de apresentação (o prazo de apresentação do cheque é de 30 dias quando pagável na mesma praça em que foi emitido, e de 60 dias quando emitido numa praça para ser pago em outra) (ver art. 70 da Lei Uniforme das Letras; arts. 52 e 53 da Lei Uniforme do Cheque; art. 18 da Lei das Duplicatas, L 5.474/68; e art. 33 da L 7.357/85). A prescrição pode ser interrompida nos termos do art. 202 do Código Civil. Não interrompe a prescrição o protesto extrajudicial, efetuado pelo Cartório de Protestos.[6]

15. A letra de câmbio

A "letra", ou "letra de câmbio", é uma ordem de pagamento, sacada por um credor contra o seu devedor, em favor de alguém, que pode ser um

---

6. O título de crédito tem o prazo geral de prescrição de 3 anos, não havendo disposição em contrário de lei especial (art. 206, § 3º, VIII, CC).

terceiro ou o próprio sacador. Sacador é o que emite a letra. Sacado é o devedor contra quem se emite a letra. Aceitante é o sacado que aceita a letra, nela apondo a sua assinatura. Tomador é o beneficiário da ordem, que pode ser um terceiro ou o próprio sacador.

Endossante é o proprietário do título, que o transfere a alguém, chamado endossatário. O portador de uma letra, adquirida por endosso, pode haver dos endossantes anteriores ou do sacador o valor da letra, se o aceitante ou sacado não pagar (direito de regresso).

16. A nota promissória

A nota promissória é uma promessa de pagamento, emitida pelo próprio devedor. Aplicam-se à nota promissória todas as regras cambiais já vistas. Além da nota promissória comum, existe também a nota promissória rural (DL 167, de 14.2.67, art. 42).

17. O cheque

O cheque é uma ordem de pagamento à vista, sacada por uma pessoa contra um banco ou instituição financeira equiparada. Regula-se o cheque pela Lei 7.357, de 2.9.85, e subsidiariamente pela Lei Uniforme do Cheque. Como bem ensina Fran Martins, "a nova Lei do Cheque, 7.357, é na realidade uma consolidação dos princípios da Lei Uniforme sobre o Cheque e das leis que anteriormente regularam esse título" (*Títulos de Crédito*, Forense, vol. II, p. 12).

O cheque é pagável à vista, considerando-se como não escrita qualquer menção em contrário. O cheque apresentado a pagamento antes do dia indicado como data de emissão é pagável no dia da apresentação (art. 32 da L 7.357/85; art. 28 da Lei Uniforme do Cheque).[7]

O cheque pode ser nominativo ou ao portador, podendo ser transmitido por endosso.[8] Se o cheque indica a nota, fatura, conta cambial, imposto lançado ou declarado a cujo pagamento se destina, ou outra causa da sua emissão, o endosso pela pessoa a favor da qual foi emitido e a sua liquidação pelo banco sacado provam a extinção da obrigação indicada (art. 28, parágrafo único, da L 7.357/85).

---

7. Contudo, vem se firmando o entendimento de que cabe indenização por dano moral se o cheque for apresentado antes da data estabelecida (*RT* 770/393, 788/388; STJ-Súmula 370).

8. Cheques acima de R$ 100,00 (cem reais) devem ser nominativos, L 9.069/95 (Plano Real).

O sacado pode recusar-se a pagar a ordem se houver falta de fundos do emitente, falsidade comprovada, ilegitimidade do portador, ou outros motivos sérios, como rasuras ou falta de requisitos essenciais. O sacado não deve pagar o cheque após o prazo de prescrição (art. 35, parágrafo único, da L 7.357/85). Como vimos, o cheque prescreve em 6 meses depois de vencido o prazo de apresentação, que é de 30 dias na mesma praça e de 60 dias em praça diversa da emissão.

Havendo razões sérias para tanto, pode o emitente revogar o cheque (art. 35) ou fazer sustar apenas o seu pagamento (art. 36). A sustação tem efeito imediato, ao passo que a revogação só produz efeito depois de expirado o prazo de apresentação. Mas a sustação exclui a possibilidade da revogação e vice-versa (art. 36, § 1º).[9]

Cheque cruzado é o que se apresenta atravessado, em seu anverso, por cima de seu contexto, por duas linhas paralelas, geralmente oblíquas. O cruzamento restringe a circulação, pois, uma vez efetuado, o cheque só poderá ser pago a um banco. O cruzamento é especial quando tem escrito entre os dois traços o nome do banco, caso em que só a este poderá ser pago.

Cheque marcado é aquele em que o banco marca outra data para o pagamento, se o portador concordar, embora haja fundos do emitente. O banco escreverá no cheque: "Bom para dia tal". Trata-se de assunto estranho ao instituto do cheque, referindo-se mais a um contrato entre o portador e o banco sacado.

Cheque para ser creditado em conta é aquele em que se escreve transversalmente a expressão "Para ser creditado em conta". É cheque escritural, apenas para ser contabilizado, e não para ser pago em dinheiro.

Cheque bancário (cheque de caixa, de tesouraria ou administrativo) é um cheque emitido por um banco, contra as suas próprias caixas, nas sedes, filiais ou agências, a pedido de alguém, a favor do solicitante ou de outrem. Não segue as regras do cheque ordinário. Tem natureza de nota promissória, como promessa de pagamento do banco. Não admite contraordem, sendo proibida sua emissão ao portador.

Cheque de viagem (*traveller's check*) é o que foi criado para maior segurança dos viajantes. Contém duas assinaturas do emitente. Uma na parte superior do cheque e outra na inferior. A primeira é lançada no recebimento do talonário e a segunda no ato da emissão. Sempre mediante identificação e na presença de um funcionário do banco.

Cheque especial ou garantido é o que pode ser emitido não só sobre a provisão de fundos existentes em poder do sacado, mas também sobre

---

9. A Circular 3.535/2011, do Banco Central, prevê a possibilidade de sustação ou revogação provisória de cheque pelo emitente, com prazo para confirmação.

um crédito especial, aberto ao emitente pelo banco, para esta finalidade. A rigor, não oferece garantia maior do que o cheque comum, pois o crédito especial pode ter sido excedido ou mesmo cancelado.

Cheque visado é aquele cuja quantia é desde logo transferida para o banco, à disposição do portador legitimado, durante o prazo de apresentação, deixando de figurar na conta corrente do emitente. Se o cheque não for apresentado dentro do prazo de apresentação, o banco devolverá a quantia reservada à conta do emitente (art. 7º da L 7.357/85). O cheque visado não pode ser ao portador.

Cheque desnaturado: frequentemente as pessoas usam o cheque não como ordem de pagamento à vista, mas como se fosse uma promissória ou um título de garantia. Tem-se então o cheque desnaturado, que é nulo, de acordo com alguns julgados, perdendo assim a sua força executiva (*RT* 533/127, 549/200, 551/227, 556/219, 559/132; *JTACSP* 42/13, 44/116, 47/54) (contra: *RT* 563/114, 563/144, 570/134, 579/202, 588/211, 589/120).

18. A apresentação do cheque. A decadência

O cheque deve ser apresentado ao sacado no prazo de 30 dias se emitido na praça onde tiver de ser pago, ou de 60 dias quando em outra praça. A falta de apresentação do cheque dentro do prazo não acarreta a decadência da ação de execução contra o emitente e seus avalistas, mas apenas contra os endossantes e seus avalistas (art. 47 da L 7.357/85).

Contudo, se o portador não apresentar o cheque em tempo hábil e não comprovar a falta de pagamento nesse período, perderá ele o direito de execução contra o emitente, se o mesmo tinha fundos disponíveis durante o prazo de apresentação e os deixou de ter, em razão de fato que não lhe seja imputável (art. 47, § 3º).

19. A duplicata

Ao extrair a fatura de venda, ou após esse ato, pode o vendedor sacar uma duplicata correspondente, para circular como título de crédito. A duplicata deve ser apresentada ao devedor dentro de 30 dias de sua emissão, e este deverá devolvê-la dentro de 10 dias, com a sua assinatura de aceite ou declaração escrita esclarecendo por que não a aceita.[10]

10. O prazo para o protesto da duplicata é de 30 dias, a partir do vencimento (L 5.474/68).
A duplicata de serviços, acompanhada do comprovante de recebimento dos serviços, é documento hábil para requerer execução ou falência (*JTJ* 186/59).

A Lei das Duplicatas (L 5.474, de 18.7.68) permite que o credor mova processo de execução ou requeira a falência do devedor comerciante, mesmo que a duplicata não esteja aceita, ou que não tenha sido devolvida, desde que protestada diretamente ou por indicação, e acompanhada de documento hábil comprobatório da entrega da mercadoria. Presume-se autorizado a aceitar a duplicata o empregado que o faz dentro do estabelecimento, em razão dos negócios habituais (*RT* 505/230, 511/86).

A duplicata paga, para segurança do devedor, deve ser retirada de circulação, com quitação no próprio título, para que o mesmo não possa mais ser cobrado por algum endossatário de boa-fé.

Além da duplicata comum, existem também a duplicata de prestação de serviços (L 5.474, de 18.7.68, art. 20) e a duplicata rural (DL 167, de 14.2.67, art. 46).

20. O conhecimento de depósito e o "warrant"

Os armazéns gerais são empresas que têm por fim a guarda e a conservação de mercadorias. Ao receber as mercadorias em depósito, pode o armazém geral emitir um simples recibo, no qual declara a natureza, quantidade, número e marca, bem como o peso e a medida, se for o caso.

Mas o depositante pode, se quiser, solicitar a emissão de um título duplo: o conhecimento de depósito e o *warrant*. Esses dois títulos nascem juntos, como se fossem gêmeos, mas têm função e finalidades diversas.

O conhecimento de depósito é o título representativo da mercadoria depositada. Se endossado, transfere a propriedade das coisas depositadas. O *warrant*, por sua vez, é apenas um título pignoratício. Seu endosso investe o cessionário no direito de penhor sobre as mercadorias depositadas.[11]

21. Debêntures

As debêntures são títulos de crédito emitidos por sociedade anônima ou sociedade em comandita por ações. Representam empréstimos públicos feitos por estas sociedades e gozam de privilégio geral em caso de falência. O debenturista não é sócio da sociedade, mas um credor da mesma.[12]

---

11. *Warrant Agropecuário*. É definido título de crédito representativo de promessa de pagamento em dinheiro que confere direito de penhor sobre o CDA correspondente, assim como sobre o produto nele descrito (art. 1º, § 2º, L 11.076/2004).

12. A L 8.021/90 proibiu a emissão de títulos ao portador ou endossáveis, impedindo assim a emissão de debêntures, salvo se forem criadas debêntures nominativas, contrariando a índole do título, que é de obrigação ao portador. No que se refere aos títulos endossáveis, está proibição foi revogada pelo CC (art. 890, segunda figura). Já os títulos ao portador podem ser emitidos apenas se autorizados por lei especial (art. 907 do CC).

22. O conhecimento de transporte ou de frete

O contrato de transporte refere-se ao envio de mercadorias por terra, por água ou pelo ar. E o conhecimento de transporte ou de frete é o instrumento em que se firma o contrato de transporte. É também um título cambiariforme, e como tal pode ser negociado ou endossado.

23. Cédulas de crédito

Cédula de crédito é uma promessa de pagamento, emitida pelo devedor, em razão de um financiamento dado pelo credor. Acompanha a promessa uma relação de bens oferecidos em garantia da dívida, na forma de penhor, hipoteca ou alienação fiduciária, constituída no próprio título ou em anexo. Para valer contra terceiros deve o título ser registrado no Cartório de Registro de Imóveis.

O emitente continua na posse dos bens onerados e fica obrigado a aplicar o financiamento nos fins, na forma e no prazo ajustados, importando vencimento antecipado o descumprimento de qualquer de suas obrigações.

As verbas do financiamento podem ser liberadas de imediato ou em parcelas, sujeitas ou não a certas condições. O pagamento da dívida, da mesma forma, pode ser de uma vez ou em prestações, conforme o combinado, incluindo-se geralmente uma comissão de fiscalização.

Em face das suas várias cláusulas, orçamentos e condições, a cédula de crédito, sob o aspecto material, mais se parece com um longo contrato datilografado ou impresso do que propriamente com um título de crédito. Além disso, várias cláusulas do pacto oferecem margem a discussões, como a forma de aplicação do financiamento e a respectiva fiscalização. Tais problemas transferem-se também ao eventual endossatário, por estar o título expressamente vinculado a essas questões.

Todos esses aspectos abalam naturalmente a literalidade do título, bem como a sua autonomia e a abstração. Por isso, as cédulas de crédito devem ser consideradas como sendo títulos de crédito *sui generis*, que se afastam bastante dos padrões e dos requisitos habituais dos títulos de crédito.

A *Cédula de Crédito Industrial* regula-se pelo DL 413, de 9.1.69. Pode ser garantida por penhor cedular, alienação fiduciária ou hipoteca cedular. O texto legal dá uma relação dos bens que podem ser oferecidos em garantia, como máquinas, matérias-primas, veículos, títulos de crédito etc.

A *Cédula de Crédito à Exportação* regula-se pela Lei 6.313, de 16.2.75. Seu registro deve ser feito no mesmo livro e observados os requisitos aplicáveis à Cédula Industrial.

A *Cédula de Crédito Comercial* aplica-se à área de comércio e da prestação de serviços. Regula-se pela Lei 6.840, de 3.11.80. Segue também a mesma forma e os mesmos requisitos da Cédula de Crédito Industrial.

As *Cédulas de Crédito Rural* regulam-se pelo Decreto-lei 167, de 14.2.67. Dividem-se em Cédula Rural Pignoratícia, Cédula Rural Hipotecária e Cédula Rural Pignoratícia e Hipotecária. Podem ser oferecidos em garantia os bens referidos no texto legal, como terras, veículos, carroças, canoas, máquinas, chocadeiras etc.

Os bens oferecidos em garantia, nas cédulas de crédito, são impenhoráveis (art. 57 do DL 413/69; art. 69 do DL 167, de 14.2.67).

O processo de execução das cédulas de crédito segue ritos especiais, previstos nas leis que regulamentam esses títulos.

O Código de Processo Civil não revogou tais procedimentos especiais (cf. Rubens Requião, *Curso de Direito Comercial*, p. 458; Waldírio Bulgarelli, *Títulos de Crédito*, p. 486) (ver tb. *RT* 525/197, 566/211).

As cédulas de crédito prescrevem em três anos, vez que a elas se aplicam as regras da letra de câmbio, dispensado porém o protesto para assegurar o direito de regresso contra endossantes e seus avalistas (art. 52 do DL 413/69; art. 60 do DL 167/67).

24. Notas de crédito

Notas de crédito são títulos em tudo semelhantes às cédulas de crédito, apenas sem a oferta de bens em garantia. Nessa linha temos, respectivamente, reguladas pela mesma sistemática e pelas mesmas leis acima referidas, a Nota de Crédito Industrial, a Nota de Crédito à Exportação, a Nota de Crédito Comercial e a Nota de Crédito Rural.

CÉDULAS E NOTAS DE CRÉDITO
- *Cédulas de Crédito Industrial* (*com* garantia de bens)
- *Nota de Crédito Industrial* (sem garantia de bens)
- *Cédula de Crédito à Exportação* (com garantia de bens)
- *Nota de Crédito à Exportação* (sem garantia de bens)
- *Cédula de Crédito Comercial* (com garantia de bens)
- *Nota de Crédito Comercial* (sem garantia de bens)
- *Cédula de Crédito Rural* (com garantia)
  - Cédula Rural Pignoratícia
  - Cédula Rural Hipotecária
  - Cédula Rural Pignoratícia e Hipotecária
- *Nota de Crédito Rural* (sem garantia)

25. Letras imobiliárias

Letra imobiliária é uma promessa emitida por sociedade de crédito imobiliário. Assemelha-se às debêntures.

As letras imobiliárias emitidas por sociedades de crédito imobiliário terão preferência sobre os bens do ativo da sociedade emitente em relação a quaisquer outros créditos contra a sociedade, inclusive os de natureza fiscal ou parafiscal (art. 44, § 2º, da L 4.380/64).

26. Cédulas hipotecárias

As cédulas hipotecárias foram instituídas para hipotecas inscritas no Registro de Imóveis, como instrumento hábil para a representação dos respectivos créditos hipotecários, nas operações compreendidas no Sistema Financeiro da Habitação (DL 70, de 21.11.66).

27. Certificados de depósito

O certificado de depósito é um título de crédito, equiparado à nota promissória, que pode ser emitido nos depósitos bancários a prazo fixo (art. 30 da L 4.728, de 14.7.65). Depósito pecuniário, ou depósito, é a quantia entregue pelo cliente ao banco, para que este lhe abra um crédito correspondente.

28. Cédula de Produto Rural (CPR)

A Cédula de Produto Rural é uma promessa de entrega de produtos rurais, com ou sem garantia cedularmente constituída (L 8.929, de 22.8.94, alterada pela L 11.076/2004).

Aplicam-se à CPR, no que forem cabíveis, as regras do Direito Cambial, mas os endossos devem ser completos, ou em preto; os endossantes não respondem pela entrega do produto, mas, tão somente, pela existência da obrigação, e é dispensado o protesto cambial para assegurar o direito de regresso contra avalistas (art. 10).

A garantia cedular pode consistir em hipoteca, penhor ou alienação fiduciária.

29. Letra de Crédito Imobiliário

Pode ser emitida por bancos comerciais e similares, lastreada por créditos imobiliários, garantida por hipoteca ou alienação fiduciária de imóveis. Confere direito de crédito pelo valor nominal, juros e, sendo estipulada, atualização monetária (L 10.931, de 2.8.2004, arts. 12 a 17).

30. Cédula de Crédito Imobiliário

Representa créditos imobiliários, podendo ou não ser garantida por direito real. Pode ser de valor integral ou fracionado (L 10.931/2004, arts. 18 a 25).

31. Cédula de Crédito Bancário

Emitida por pessoa física ou jurídica, em favor de instituição financeira ou similar, representando promessa de pagamento. Dispensa protesto para garantir cobrança contra endossantes, seus avalistas e terceiros garantidores (L 10.931/2004, arts. 26 a 45).

32. Títulos do agronegócio

A Lei 11.076, de 30.12.2004, criou os seguintes títulos ligados ao agronegócio:

a) *Certificado de Depósito Agropecuário – CDA* – e *"Warrant" Agropecuário – WA*, que são títulos geminados, em tudo semelhantes ao Conhecimento de Depósito ou ao *Warrant* (art. 1º);

b) *Certificado de Direitos Creditórios do Agronegócio – CDCA*, com caráter de promessa de pagamento, nos moldes da Nota Promissória (art. 24);

c) *Letra de Crédito do Agronegócio – LCA*, semelhante à Letra de Câmbio, mas de emissão exclusiva de instituições financeiras (art. 26);

d) *Certificado de Recebíveis do Agronegócio – CRA*, que é um título de crédito nominativo, de emissão exclusiva das companhias securitizadoras de direitos creditórios do agronegócio (art. 36).

SEGUNDA PARTE – TEMAS VARIADOS

1. A investigação da "causa debendi". 2. Defesa do avalista baseada na "causa debendi". 3. Título vinculado a contrato. 4. Obrigação cambial por procuração. 5. Títulos "abstratos" e títulos "causais". 6. Pagamento parcial. 7. "Pro solvendo" e "pro soluto". 8. Cláusulas extravagantes. 9. Duplicata simulada. Sustação de protesto e execução contra o emitente--endossante.

1. A investigação da "causa debendi"

O devedor pode discutir a origem da dívida, ou a *causa debendi*, quando o título ainda se encontra em poder do beneficiário originário da transação, ou de terceiro de má-fé (*RT* 468/186, 491/118, 534/185).

Considera-se terceiro de má-fé o portador que conhecia o negócio subjacente, a quem o título foi transferido apenas para dificultar a defesa do devedor, ou, como diz a Lei Uniforme das Letras, terceiro de má-fé é o portador que ao adquirir a letra procedeu conscientemente em detrimento do devedor (art. 17).

"O título de crédito, entre partes imediatas, não modifica, não amplia, nem restringe os efeitos legais da dívida originária, tudo continuando disciplinado pela relação contratual na qual o título se inseriu" (João Eunápio Borges, *Títulos de Crédito*, p. 154).

"Entre as partes, obviamente, a causa dessa emissão ou criação do título poderá ser invocada, processualmente, por via do direito pessoal do réu contra o autor" (Waldírio Bulgarelli, *Títulos de Crédito*, Direito Comercial III, p. 57).

No mesmo sentido: Saraiva, *A Cambial*, § 270, p. 700; Brás Arruda, *Decreto 2.044*, vol. I, p. 202; Alfredo Rocco, *Studi di Diritto Commerciale*, vol. 2, p. 107; Giuseppe Ferri, *Manuale di Diritto Commerciale*, pp. 606, 607 e 621.

2. Defesa do avalista baseada na "causa debendi"

Predomina quase que totalmente na doutrina e na jurisprudência o entendimento de que o avalista não pode opor ao credor a nulidade da obrigação do avalizado, por ser o aval uma obrigação autônoma e independente. A própria Lei Uniforme das Letras dispõe expressamente que a obrigação do avalista mantém-se mesmo no caso de a obrigação que ele garantiu ser nula por qualquer razão que não seja um vício de forma (art. 32, al. 2).

Contudo, parece errônea a aplicação indiscriminada do texto citado, pois há que distinguir se o título está ou não em poder de endossatário de boa-fé. Se o título ainda não foi endossado, ou se estiver em poder de terceiro de má-fé, não existirá ainda autonomia absoluta, mas apenas relativa ou *juris tantum*, podendo, portanto, o avalista discutir também a validade do negócio subjacente.

"Só a efetiva circulação acarreta o surgimento dos problemas característicos dos títulos de crédito e a aplicação das normas com eles relacionadas" (Giuseppe Ferri, *Manuale di Diritto Commerciale*, p. 607). "A promessa abstrata forma presunção *juris* da existência real de causa entre as partes que diretamente entraram no acordo. Constitui porém presunção *juris et de jure* para as partes que não estiveram em contato direto" (Saraiva, *A Cambial*, § 270).

Ensina o grande Pontes de Miranda que não se deve colocar o avalista em situação inferior à do avalizado (*Tratado de Direito Privado*, § 3.987, 5, p. 385). Paulo J. da Silva Pinto também ensina que contra o portador de má-fé pode o avalista opor exceções causais e todas as defesas pessoais (*Direito Cambiário*, p. 485).

E Giuseppe Ferri observa que, de acordo com a doutrina dominante, chega-se ao absurdo de pagar o avalista ainda que não obrigado o avalizado, podendo o primeiro reclamar do segundo a soma paga, e este, por sua vez, podendo reclamar do portador a soma paga indevidamente pelo avalista (*Manuale di Diritto Commerciale*, p. 656).

Por isso, parecem mais adequadas, embora em minoria, as decisões que, no caso, acolhem a defesa do avalista. "Havendo má-fé por parte do autor, e não tendo o título entrado em circulação, o avalista pode opor, na própria ação executiva, defesa fundada na falta de causa, porque, em tal conjuntura, não se pode negar ao coobrigado a exceção, forçando-o a demandar posteriormente a repetição do que pagou" (*RF* 231/204; no mesmo sentido: *RT* 395/233, 529/231; *JTACSP* 22/166, 36/47; STJ, RE 1.436.245-MG (2011/0094176-0), rel. Min. João Otávio de Noronha, j. 17.3.2015).

3. Título vinculado a contrato

De acordo com a jurisprudência predominante, a cambial perde a autonomia e abstração quando sua emissão e circulação estão vinculadas a um contrato, ficando então sujeita às cláusulas contratuais a que se vinculou (*RT* 495/170, 512/220, 526/221).

A vinculação pode também ser oposta ao endossatário que estava ciente do vínculo por ocasião do endosso, através de dizeres expressos no próprio título ou por qualquer outra forma (*RT* 304/746, 410/232, 497/124; *RTJ* 45/52, 73/635; Franceschini, *Títulos de Crédito*, ementas 5.124 e 5.126).

A subordinação da eficácia da ordem ou da promessa a questões extracambiais suprime o caráter cambial do documento (cf. Giuseppe Ferri, *Manuale di Diritto Commerciale*, p. 641).

4. Obrigação cambial por procuração

A obrigação cambial (emissão, saque, aceite, endosso, aval) pode ser assumida através de mandatário com poderes especiais.

O analfabeto não pode assumir obrigação cambial diretamente, mas somente através de procuração a terceiro, por instrumento público. Entendem os autores que o cego também só pode obrigar-se cambialmente por procuração, salvo se todo o texto da cambial foi por ele escrito.

O procurador fica obrigado pela letra se agir sem procuração, ou com excesso de mandato (art. 892, CC). Fica também obrigado se assinar sem ressalva expressa de que o faz em nome de outrem (art. 663, CC).

A jurisprudência anterior admitia muitas vezes como válida a procuração dada pelo devedor à empresa credora, ou a uma subsidiária desta, para a emissão oportuna de promissórias, em nome do devedor, nos termos do contrato (credor-mandatário), como ocorria de praxe nos cartões de crédito e nos cheques especiais (*RT* 503/201, 536/201, 543/159).

Nos julgados mais recentes, porém, tal procedimento não vem sendo mais aceito, considerando-se que no caso há um desvirtuamento do mandato (*RT* 701/199, 716/278, 720/141).

Nos termos da Súmula 60 do STJ, "é nula a obrigação cambial assumida por procurador do mutuário vinculado ao mutuante, no exclusivo interesse deste".

E para o Código de Defesa do Consumidor a cláusula que imponha tal procuração é nula (art. 51, VIII, do CDC).

5. Títulos "abstratos" e títulos "causais"

Muitos autores classificam os títulos de crédito em "abstratos" e "causais". Títulos abstratos seriam os que independem do negócio subjacente, como a letra de câmbio e a nota promissória. E títulos causais seriam os emitidos em razão de um determinado negócio, como a duplicata e o conhecimento de transporte.

Tal classificação, porém, é não só inadequada, mas também responsável por muitas confusões existentes em matéria de títulos de crédito.

No contexto, abstrato ou causal não é o título em si, ou a sua emissão, mas apenas o momento da criação do mesmo, antes da entrega ao portador. Assim, mais correta e menos sujeita a confusões seria a classificação em títulos de *criação livre* (letra, promissória) e títulos de *criação vinculada* (duplicata, *warrant*), vez que após a emissão e a circulação todos eles, em princípio, se tornam abstratos.

6. Pagamento parcial

Em caso de pagamento parcial, quem paga deve exigir dupla quitação, uma por recibo e outra no próprio título (art. 22, § 2º, do D 2.044/1908 e art. 902, § 2º, CC).

Todavia, é mister que se entenda esse dispositivo legal não com um rigorismo absoluto, pois seria permitir o locupletamento ilícito em detrimento do devedor. Existindo prova plena dos pagamentos parciais, embora não anotados no título, essa prova deve ser aceita.

O pagamento parcial não desnatura a cambiariedade do título executivo, que, por isso, continua sendo exigível por execução forçada, pelo saldo (*RT* 459/199, 489/156, 508/248).

No vencimento, não pode o credor recusar pagamento, ainda que parcial (art. 902, § 1º, CC).

7. "Pro solvendo" e "pro soluto"

"As promissórias podem ser emitidas *pro solvendo* e *pro soluto*. No primeiro caso, lembra Orlando Gomes, o preço somente se considera pago depois de saldado o último dos títulos. Nessa hipótese, as promissórias, como ressaltou, em voto, o Min. Nélson Hungria, constituem simples 'tentativa de pagamento', segundo a expressão incisiva de Staub. No segundo caso, são pagamento consumado (*Questões de Direito Civil*, p. 429), porque as cambiais, que não representam contrato, são entregues em solução da dívida" (*RT* 459/163).

8. *Cláusulas extravagantes*

Cláusulas extravagantes são as não previstas na lei cambial, situadas geralmente fora do contexto, no verso ou no anverso do título, inseridas pelas partes, preocupadas com algum detalhe do negócio, esquecidas ou ignorantes do formalismo cambial.

Às vezes tais cláusulas são indiferentes. Outras vezes, porém, contradizem, condicionam e põem em dúvida algum requisito cambial.

A simples existência desses escritos adicionais deveria anular o título, pois a cambial só admite um único contexto, redigido de acordo com a lei, e formado por um corpo contínuo.

O rigor da formulação cambial, porém, não é atendido inteiramente nem pela doutrina, nem pela jurisprudência. E nem pela própria lei, que, conforme o caso, às vezes prescreve a nulidade do título, e às vezes considera a cláusula simplesmente não escrita (D 2.044/1908, art. 44, IV, e § 2º; Lei Uniforme das Letras, arts. 2º e 9º).

Na verdade, poderíamos dizer que o contexto-padrão seria o núcleo necessário do título, e as cláusulas extravagantes seriam contextos complementares, formando tudo a declaração cambial, a ser examinada.

A solução do problema das cláusulas extravagantes exige do intérprete uma penosa e tríplice distinção.

A primeira distinção é verificar se a cláusula extravagante atinge ou não um requisito essencial do título, como a soma de dinheiro e a promessa de pagamento, ou apenas um requisito secundário ou suprível, como a data do vencimento e o lugar da emissão (sobre os requisitos secundários ou supríveis, ver arts. 2º e 76 da Lei Uniforme das Letras).

A segunda distinção é verificar quem é o autor da cláusula extravagante, se o emitente ou outro obrigado.

A terceira e mais difícil distinção é verificar se a cláusula está ou não em conflito direto e inarredável com requisito essencial.

Se a cláusula extravagante atinge apenas um requisito secundário, sobrevive a cambial, e a cláusula considera-se não escrita.

Se a cláusula extravagante foi inserida por outro que não o emitente, permanece também viva a cambial, e o seu sistema, valendo a cláusula nos pontos em que não conflita com requisito essencial.

Mas se a cláusula foi inserida pelo próprio emitente e conflita, de modo direto e inarredável, com um requisito essencial, surge então a nulidade da própria cambial. Não há cambial.

Entre as cláusulas que podem fulminar algum requisito essencial do título estão as cláusulas condicionais. Como dizem Graziani e Minervini, "a obrigação cambiária não tolera condições" (*Manuale di Diritto Commerciale*, p. 341).

De acordo com os mestres, anulam o título as seguintes cláusulas: "pagarei a Fulano, tanto, se receber a mesma quantia que Beltrano me deve" (Magarinos Torres, *Nota Promissória*, p. 61); "pague nos termos da minha carta, ou do nosso contrato de tal data" (Whitaker, *Letra de Câmbio*, p. 86); "pagará V, por esta, a F, se F antes assinar o contrato que está preparado entre nós três" (Pontes de Miranda, *Tratado de Direito Privado*, t. XXXIV, p. 176).

"A matéria pode ser resumida no seguinte: nula é a letra com restrição ou exclusão da capacidade do sacador; não escrita é qualquer cláusula restringindo, ampliando ou excluindo a responsabilidade de qualquer outra parte (credor ou devedor) na letra" (Brás Arruda, *Decreto 2.044*, v. II, p. 104. No mesmo sentido: Lacerda, *A Cambial no Direito Brasileiro*, p. 32; Saraiva, *A Cambial*, p. 552) (ver tb. *RT* 440/144; *JTACSP* 19/145).

A cláusula estipulando pagamento em prestações anula a letra, por atingir a soma em dinheiro, elemento essencial do título (*RF* 172/353).[1]

9. Duplicata simulada. Sustação de protesto e execução contra o emitente-endossante

Tem-se tornado comum a emissão de duplicatas "frias", que não correspondem a venda efetiva de mercadoria, sacadas apenas para a obtenção do desconto bancário, com o adiantamento do valor respectivo, ou de parcela desse valor, em favor do emitente-endossante. E tem-se tornado também comum a sustação dos protestos de tais títulos contra os sacados, bem como as ações declaratórias de inexistência de obrigação entre sacador e sacado.

Diante disso, qual a situação do portador-endossatário? Poderá ele executar o sacador-endossante, apesar de sustado o protesto e apesar da nulidade da relação entre sacador e o sacado?

---

1. Nos termos do art. 890 CC: "Consideram-se não escritas no título a cláusula de juros, a proibitiva de endosso, a excludente de responsabilidade pelo pagamento ou por despesas, a que dispense a observância de termos e formalidades prescritas, e a que, além dos limites fixados em lei, exclua ou restrinja direitos e obrigações".

José Júlio Villela Leme, citando decisões de Paulo Restiffe Netto e Oscarlino Moeller, ensina que, "na realidade, o protesto não assegura o direito de regresso, apenas prova que o título foi apresentado ao sacado. A apresentação dentro do prazo é que assegura o direito de regresso. A Lei 2.044, no art. 20, com excelente técnica, deixou claro que a letra deve ser apresentada ao sacado ou aceitante para o pagamento no prazo, sob pena de perder o portador o direito de regresso. A falta de apresentação é que ocasiona esta perda. (...). Por isso, o envio oportuno da duplicata a protesto garante o direito de executar o endossante e seus avalistas, quando o ato se consuma pelo obstáculo judicial da sustação. E se é o envio (apresentação) a cartório que garante o direito de regresso, não há que se aguardar o resultado da ação ordinária declaratória ou anulatória do título, entre sacado e emitente, para o início da execução" ("Execução contra emitente nas sustações de protesto", *O Estado de S. Paulo*, 26.4.81, p. 67).

No caso das ações declaratórias de inexistência de obrigação entre sacador e sacado, costumam as sentenças ressalvar os direitos do endossatário de boa-fé, liberando-o para a execução contra o emitente-endossante. Firma-se o entendimento de que "a autonomia das relações cambiárias permite que seja declarada a nulidade de uma delas (sacador-sacado) sem que o seja a da outra entre sacador e endossatário. Não se trata de uma só relação jurídica, mas de duas autônomas, com vida e pressupostos independentes" (*RT* 563/134).

Capítulo V

DIREITO BANCÁRIO

1. Características do Direito Bancário. 2. Organização bancária. 3. Espécies de empresas bancárias. 4. O Sistema Financeiro Nacional. 5. Intervenção e liquidação extrajudicial. 6. Operações ou contratos bancários. 7. Características do contrato bancário. 8. Sigilo bancário.

1. Características do Direito Bancário

O mestre Nélson Abrão define o Direito Bancário como "o ramo do Direito Comercial que regula as operações de banco e a atividade daqueles que as praticam em caráter profissional" (*Direito Bancário*, p. 18).

O Direito Bancário é um Direito profissional, voltado aos que de modo habitual praticam operações bancárias. Além da profissionalidade, caracteriza-se também o Direito Bancário pela sua tendência para a adoção de normas de ordem pública e de normas que consagram a prática do comércio internacional.

Sérgio Carlos Covello conceitua o banco como "empresa que tem por finalidade principal a intermediação do crédito por meio de operações típicas que envolvem aqueles que dão o dinheiro e aqueles que o recebem" (*Contratos Bancários*, p. 3).

2. Organização bancária

As instituições financeiras privadas constituem-se sob a forma de sociedades anônimas (salvo as cooperativas de crédito), e só podem funcionar mediante prévia autorização do Banco Central do Brasil ou decreto do Poder Executivo, quando forem estrangeiras (L 4.595, de 31.12.64, arts. 18 e 25).

A atividade financeira é privativa das instituições financeiras. Quaisquer pessoas físicas ou jurídicas que atuem como instituição financeira sem autorização legal ficam sujeitas a multas e detenção, de um a dois anos, ficando a esta sujeitos, quando pessoa jurídica, seus diretores administradores (L 4.595/64, art. 44, § 7º). Competem ao Banco Central do Brasil a fiscalização permanente das instituições financeiras bem como a aplicação das penalidades. Competem-lhe ainda a intervenção e a liquidação extrajudicial.

Os diretores e gerentes das instituições financeiras respondem solidariamente pelas obrigações assumidas pelas mesmas durante sua gestão, até que elas se cumpram.

As instituições financeiras, seus diretores, membros de conselhos administrativos, fiscais e semelhantes e gerentes estão sujeitos às seguintes penalidades, sem prejuízo de outras estabelecidas em lei: advertência, multa, suspensão do exercício de cargos, inabilitação temporária ou permanente para o exercício de cargos, cassação da autorização de funcionamento, detenção e reclusão (L 4.595/64, art. 44).

3. Espécies de empresas bancárias

As empresas bancárias podem ser assim classificadas:

Bancos de emissão. São instituições autorizadas a emitir moeda, chamando-se por isso "bancos dos bancos".

No Brasil, compete privativamente ao Banco Central do Brasil emitir moeda-papel e moeda metálica, nas condições e limites autorizados pelo Conselho Monetário Nacional (art. 10, I, da L 4.595/64).

Bancos comerciais ou de depósito. São os bancos comuns. Recebem depósitos, emprestam, fazem cobrança e pagamentos, alugam cofres, guardam valores, descontam títulos, transferem dinheiro etc.

Bancos hipotecários ou de crédito real. São os que se dedicam, de modo exclusivo ou não, à concessão de empréstimo mediante garantia de imóveis.

Bancos de crédito industrial. São os que têm por finalidade o auxílio à indústria nacional, por meio de empréstimos a longo prazo, garantidos geralmente por penhor industrial, hipoteca ou *warrant.*

Bancos de investimento. São instituições financeiras especializadas em financiamentos, mediante a aplicação de recursos próprios ou de terceiros.

Bancos agrícolas. São os que operam na área rural, concedendo crédito às atividades da lavoura e da pecuária, inclusive na aquisição de implementos agrícolas.

Bancos múltiplos. São os que se dedicam a mais de uma especialidade, como, por exemplo, depósitos e investimentos.

Casas bancárias. São empresas bancárias de porte relativamente menor, com um leque também mais reduzido de serviços prestados.

Cooperativas de crédito. São sociedades civis, organizadas para a concessão de empréstimos aos associados, a juros módicos. Sujeitam-se ao controle do Conselho Nacional do Cooperativismo, ao Conselho Monetário Nacional e ao Banco Central do Brasil.

Caixas econômicas. São instituições financeiras que têm por finalidade principal a coleta e a aplicação da poupança popular.

ESPÉCIES DE EMPRESAS BANCÁRIAS
- Bancos de emissão
- Bancos comerciais ou de depósito
- Bancos hipotecários ou de crédito real
- Bancos de crédito industrial
- Bancos de investimento
- Bancos agrícolas
- Bancos múltiplos
- Casas bancárias
- Cooperativas de crédito
- Caixas econômicas

4. O Sistema Financeiro Nacional

O Sistema Financeiro Nacional é composto dos seguintes órgãos: Conselho Monetário Nacional, Banco Central do Brasil, Banco do Brasil S/A, Banco Nacional de Desenvolvimento Econômico e Social e demais instituições financeiras públicas e privadas (L 4.595/64).

O *Conselho Monetário Nacional*, órgão de cúpula, formula a política da moeda e do crédito, regulando e disciplinando toda a atividade financeira do País. É integrado pelo Ministro da Fazenda e outras autoridades da área econômica.

O *Banco Central do Brasil* é uma autarquia federal, com a função de cumprir e fazer cumprir a legislação financeira e as normas do Conselho Monetário Nacional. Entre suas inúmeras atribuições, compete-lhe emitir moeda, controlar o crédito, fiscalizar as instituições financeiras etc.

O *Banco do Brasil S/A* é uma sociedade de economia mista, que atua como agente financeiro do Tesouro Nacional. Entre as suas muitas atribuições, compete-lhe receber as importâncias provenientes da arrecadação de tributos, difundir e orientar o crédito, suplementando a ação bancária etc.

O *Banco Nacional de Desenvolvimento Econômico e Social* é uma empresa pública, cujo objetivo é o de ser o principal instrumento de execução política de investimentos do Governo Federal (art. 23 da L 4.595/64; L 1.628, de 20.6.52).

Organização do Sistema Financeiro Nacional

Conselho Monetário Nacional
Banco Central do Brasil
Banco do Brasil S/A
Banco Nacional de Desenvolvimento Econômico e Social
Outras instituições financeiras públicas
Instituições financeiras privadas

5. Intervenção e liquidação extrajudicial

As instituições financeiras privadas e as públicas não federais, assim como as cooperativas de crédito, estão sujeitas a intervenção e a liquidação extrajudicial, em ambos os casos efetuada e decretada pelo Banco Central do Brasil (L 6.024, de 13.3.74).

A intervenção

Dar-se-á a intervenção se houver alguma anormalidade na instituição financeira, como prejuízos consideráveis decorrentes de má administração, infrações reiteradas à legislação bancária, ou situação de falência.

O período de intervenção é de seis meses, prorrogável, no máximo, por mais seis meses. Ao decretar a intervenção, o Banco Central nomeia um interventor. O interventor tem plenos poderes de gestão, salvo no que se refere à disposição ou oneração de bens e à admissão e demissão de pessoal, hipótese em que necessita da autorização do Banco Central. Das decisões do interventor cabe recurso, sem efeito suspensivo, ao Banco Central, no prazo de 10 dias da respectiva ciência.

A intervenção produz, desde a decretação, os seguintes efeitos: a) suspende a exigibilidade das obrigações vencidas; b) suspende a fluência do prazo das obrigações não vencidas; c) bloqueia os depósitos existentes à data da decretação.

Cessa a intervenção se os negócios da instituição financeira voltarem ao normal, se for decretada a liquidação extrajudicial, ou se for decretada a falência.

A liquidação extrajudicial

Não tendo sido possível fazer com que a empresa voltasse à normalidade, durante o período de intervenção, poderá o Banco Central decretar, em acréscimo, a liquidação extrajudicial da mesma, com efeitos semelhantes aos de uma falência. Aliás, a liquidação extrajudicial pode também ser decretada diretamente, sem se passar pela intervenção, dependendo da gravidade dos fatos determinantes.

A liquidação extrajudicial é executada por um liquidante, nomeado pelo Banco Central, com amplos poderes de administração e liquidação. Pode o liquidante verificar e classificar os créditos, nomear e demitir funcionários etc. De suas decisões cabe recurso ao Banco Central, sem efeito suspensivo, dentro de 10 dias da respectiva ciência.

A decretação da liquidação extrajudicial produz de imediato vários efeitos, como a suspensão das ações e execuções individuais, o vencimento antecipado das dívidas, a não fluência de juros, enquanto não integralmente pago o principal etc.[1]

Aplicam-se à liquidação extrajudicial as disposições da Lei de Falências, no que for cabível, ficando o liquidante equiparado ao síndico, e o Banco Central equiparado ao juiz da falência.

A liquidação extrajudicial cessa por decisão do Banco Central do Brasil, em razão do pagamento integral dos credores quirografários; da mudança de objeto social da instituição para atividade econômica não integrante do Sistema Financeiro Nacional; da transferência do controle societário da instituição; da transformação em liquidação ordinária; da exaustão do ativo da instituição, mediante a sua realização total e a distribuição do produto entre os credores, ainda que não ocorra o pagamento integral dos créditos; da iliquidez ou difícil realização do ativo remanescente na instituição; e pela decretação de falência da instituição.[2] A falência da entidade será requerida pelo liquidante se o ativo for inferior a 50% dos créditos quirografários, ou quando houver indício de crime falimentar.

A indisponibilidade de bens

A intervenção, a liquidação extrajudicial e a falência das instituições financeiras acarretam automaticamente a indisponibilidade de todos os bens de seus administradores, até a apuração e liquidação final de suas responsabilidades. A medida alcança todos os administradores que tenham estado no exercício das funções nos 12 meses anteriores.

---

1. Na intervenção ou liquidação extrajudicial os créditos são atualizados pelos índices oficiais (art. 46 do Ato das Disposições Constitucionais Transitórias; art. 33 do DL 2.284/86; art. 9º da L 8.177/91).

2. Cf. MP 784, de 7.6.2017.

Por proposta do Banco Central do Brasil, aprovada pelo Conselho Monetário Nacional, a indisponibilidade poderá ser estendida aos bens de gerentes, conselheiros fiscais e aos de todos aqueles que, até o limite da responsabilidade de cada um, tenham concorrido, nos últimos 12 meses, para a decretação da intervenção ou da liquidação extrajudicial. E também aos bens de pessoas que, nos últimos 12 meses, os tenham, a qualquer título, adquirido de administradores da instituição, ou das pessoas anteriormente referidas, desde que haja seguros elementos de convicção de que se trata de simulada transferência, com o fim de evitar os efeitos da lei (art. 36, § 2º, da L 6.024/74).

A restrição à locomoção

Os abrangidos pela indisponibilidade de bens não podem ausentar-se do foro da intervenção, da liquidação extrajudicial ou da falência sem prévia e expressa autorização do Banco Central do Brasil ou do juiz da falência (art. 37).

O inquérito administrativo

Nos casos de intervenção, liquidação extrajudicial ou falência de instituição financeira, será sempre realizado um inquérito administrativo pelo Banco Central do Brasil. O objetivo do inquérito é o esclarecimento das causas da queda da instituição, bem como a apuração da responsabilidade civil e criminal das pessoas envolvidas (art. 41).

Se for o caso, cabe ao Ministério Público, ao receber os autos do inquérito administrativo, requerer em 8 dias o arresto de bens das pessoas que não tinham sido atingidas pela indisponibilidade automática (art. 45). Em 30 dias após a efetivação do arresto, deve o Ministério Público propor a ação de responsabilização (art. 46).

Outras empresas sujeitas a intervenção e liquidação extrajudicial

De modo semelhante ao que ocorre com as instituições financeiras, há outras leis que também determinam a intervenção e a liquidação extrajudicial em certos tipos de empresas. A matéria não está sistematizada, não se podendo apresentar um esquema-padrão de processamento. Cada lei de intervenção deve ser examinada em separado, com suas particularidades próprias.

A intervenção e a liquidação extrajudicial aplicam-se às seguintes empresas: instituições financeiras, cooperativas de crédito, distribuidoras de títulos e valores mobiliários, corretoras de câmbio (L 6.024, de 13.3.74); companhias de seguro (DL 73, de 21.11.66); cooperativas (L 5.764, de 16.12.71); consórcios, fundos mútuos e distribuição gratuita de prêmios (L 5.768, de 20.12.71).

6. Operações ou contratos bancários

Sob o aspecto econômico ou técnico, dá-se o nome de *operação* ao ato realizado pelo banco, na sua atividade profissional. Sob o aspecto jurídico, porém, dá-se ao mesmo ato o nome de *contrato*. As operações bancárias caracterizam-se pelo seu conteúdo econômico e pela execução em série ou em massa.

De acordo com a classificação tradicional, as operações bancárias dividem-se em operações fundamentais, como o depósito, o desconto, a conta corrente, o empréstimo, e operações acessórias, como a guarda de valores, caixa de segurança, cobranças etc.

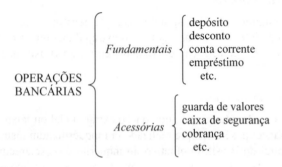

7. Características do contrato bancário

Para que se considere um contrato como bancário é necessário que uma das partes seja um banco (aspecto subjetivo) e que seu objetivo seja uma intermediação de crédito (aspecto objetivo) (cf. Covello, ob. cit., p. 35). No contrato bancário, sujeitos são o banco e o cliente, e o objeto é o crédito.

Covello aponta ainda como características peculiares do contrato bancário a contabilização rigorosa, a realização em série, o dirigismo estatal das operações e o sigilo (ob. cit., pp. 44 a 51).

(O estudo particularizado dos contratos bancários, como o depósito, a conta corrente, o desconto, o cartão de crédito etc., encontra-se desenvolvido no volume próprio: *Resumo de Obrigações e Contratos*, vol. 2 desta Coleção.)

8. Sigilo bancário

As instituições financeiras devem manter sigilo nas suas operações e serviços, uma vez que a Constituição Federal dispõe que são invioláveis os dados pessoais e a intimidade (art. 5º, X e XII).

Constitui crime a quebra do sigilo (LC 105, de 10.1.2001, art. 10). O sigilo abrange a movimentação ativa e passiva do correntista/contribuinte, bem como os serviços a ele prestados (*RT* 743/431).

Na vigência da legislação anterior, centrada principalmente no revogado art. 38 da lei bancária e de mercado de capitais (L 4.595/64), predominou sempre o entendimento de que a quebra do sigilo bancário somente seria possível mediante autorização prévia do Judiciário. Competência igual, embora não unânime na doutrina, tinham, como ainda têm, as Comissões Parlamentares de Inquérito.

Mas a citada Lei Complementar 105, de 10.1.2001, que dispõe sobre o sigilo das operações de instituições financeiras, trouxe nova ordenação da matéria, com destaque nos pontos a seguir abordados.

O Fisco, independentemente de autorização judicial, poderá examinar dados das instituições financeiras, inclusive referentes a contas de depósitos e aplicações financeiras, havendo processo administrativo ou procedimento fiscal em curso (LC 105, art. 6º, e D Regulamentar 3.724, ambos de 10.1.2001).[3]

As Comissões Parlamentares de Inquérito podem obter informações e documentos sigilosos diretamente das instituições financeiras, ou por intermédio do Banco Central do Brasil ou da Comissão de Valores Mobiliários. Mas as solicitações devem ter a aprovação prévia do Plenário da Câmara dos Deputados, do Senado Federal, ou do plenário de suas respectivas comissões parlamentares de inquérito (LC 105, art 4º, §§ 1º e 2º).

O sigilo bancário pode ser quebrado nos ilícitos penais, especialmente em modalidades graves, arroladas no art. 1º, § 4º, da LC 105, como, por exemplo, terrorismo, tráfico de entorpecentes ou crimes contra a ordem tributária, na fase do inquérito ou do processo judicial. Presume-se que apenas mediante ordem judicial, uma vez que não há referência a outras autoridades.

Resta observar, com o tempo, a evolução da jurisprudência sobre o tema, diante das modificações introduzidas.

---

3. V. D 4.489, de 28.11.2002, *DOU* 29.11.2002, que determina às instituições financeiras o envio à Receita Federal de informações contínuas sobre operações efetuadas pelos usuários de seus serviços, de valor superior a R$ 5.000,00 (pessoas físicas) e R$ 10.000,00 (pessoas jurídicas). Contudo, "a prestação de informações sobre operações financeiras, na forma estabelecida pela Secretaria da Receita Federal, em decorrência do disposto no § 2º do art. 11 da Lei n. 9.311, de 24 de outubro de 1996, por parte das instituições financeiras, supre a exigência de que trata o Decreto n. 4.489, de 28 de novembro de 2002" (art. 1º do D 4.545, de 26.12.2002).

Capítulo VI

FALÊNCIAS, CONCORDATAS E RECUPERAÇÕES

Introdução

A Lei 11.101, de 9.2.2005, regula a recuperação de empresas e as falências, tendo entrado em vigor no dia 9.6.2005 (120 dias após a publicação).

Vigência paralela da lei anterior. A lei é aplicada às falências decretadas após sua vigência. Mas as falências decretadas anteriormente continuarão a ser processadas pela lei anterior (DL 7.661/45), até a sua conclusão, conforme determina o art. 192 da lei atual.

Contudo, mesmo as falências que seguem o regime anterior sofreram alterações, com referência à liquidação do ativo e à concordata suspensiva.

A liquidação do ativo, com a venda dos bens da massa, inicia-se agora logo após a arrecadação (L 11.101, art. 192, § 1º), e a concordata suspensiva foi abolida, prosseguindo apenas as que já tinham sido concedidas (L 11.101, art. 192).

PRIMEIRA PARTE – LEI ATUAL (L 11.101/2005)

A) Recuperação de empresas: 1. Objetivo da lei. 2. Recuperação judicial: 2.1 Recuperação judicial de microempresas e empresas de pequeno porte. 3. Recuperação extrajudicial. 4. Participantes, na recuperação e na falência. B) Falência (L 11.101/2005): 1. Definição de falência. 2. Hipóteses de decretação de falência. 3. Andamento da falência. 4. Classificação dos créditos: 4.1 Créditos extraconcursais (art. 84) – 4.2 Créditos concursais (art. 83, I a VIII). 5. Créditos trabalhistas. Inconstitucionalidade de sua limitação. 6. Contratos do falido. 7. Pedido de restituição. 8. Continuação provisória das atividades. 9. Crimes concursais (arts. 168 a 178). 10. A lei penal no tempo.

A) Recuperação de empresas

1. Objetivo da lei

O objetivo da lei é o de oferecer oportunidade para evitar a decretação da falência e viabilizar a superação da crise econômica da empresa devedora (art. 47). Para isso o legislador estabeleceu um sistema articulado de recuperação judicial, recuperação extrajudicial e falência.

A empresa devedora, pela atual lei, tem as seguintes opções: 1) ingressar diretamente em juízo, requerendo a recuperação judicial, com o compromisso de apresentar, em 60 dias, um plano de recuperação; 2) negociar primeiro com os credores, requerendo depois em juízo a homologação do acordo extrajudicial conseguido; 3) tendo um credor lhe requerido a falência, pedir a recuperação judicial, no prazo da defesa.

Os devedores em regime de concordata preventiva ou suspensiva podem também requerer recuperação judicial, extinguindo-se a concordata (art. 192, §§ 2º e 3º).

A lei destina-se ao empresário, ou sociedade empresarial, assim considerado quem exerce profissionalmente atividade econômica organizada, para a produção ou a circulação de bens ou de serviços. Não se considera empresário quem exerce profissão intelectual, de natureza científica, literária ou artística, ainda com o concurso de auxiliares ou colaboradores, salvo se o exercício da profissão constituir elemento de empresa (CC, art. 966).

2. Recuperação judicial

O devedor pode requerer recuperação judicial[1] para restabelecer a normalidade econômico-financeira da empresa (art. 47). Preenchidos os requisitos legais, será deferido o processamento do pedido (art. 52), sendo

---

1. *Assistência judiciária.* "A assistência judiciária gratuita pode ser deferida à pessoa jurídica em regime de recuperação judicial ou de falência, se comprovada, de forma inequívoca, a situação de precariedade financeira que impossibilite o pagamento dos encargos processuais" (STJ, *Jurisprudência em Teses*: AgRg no AREsp 576.348-RJ, rel. Min. Raul Araújo, j. 24.3.2015, *DJe* 23.4.2015; e outros).

Custas judiciais. "A exigência de pagamento das custas judiciais por empresa em fase de recuperação judicial é contrária e mesmo incompatível com o instituto da recuperação judicial, porquanto o contribuinte que ostenta esta condição comprovou em juízo a sua dificuldade financeira, posto que é intuitivo que se não tivesse nesta condição a recuperação judicial não lhe teria sido deferida" (STJ, *Jurisprudência em Teses*: AgRg no AREsp 514.801-RS, rel. Min. Napoleão Nunes Maia Filho, j. 26.8.2014, *DJe* 2.9.2014; e outros).

Certidão de Regularidade Fiscal – CRF. Após 14.11.2014, passou a ser exigível apresentação do CRF para requerimento ou deferimento da recuperação judicial (10-A L. 10.522/2002).

concedido ao requerente o prazo de 60 dias para apresentar o *plano de recuperação* (art. 53).

A sentença que defere o processamento do pedido suspende por até 180 dias o curso da prescrição e das ações e execuções[2] contra o devedor (art. 6º, § 4º). Esta blindagem de até 180 dias das empresas em recuperação judicial pode ser estendida aos sócios executados diretamente.[3]

Qualquer credor pode oferecer objeção ao plano, no prazo de 30 dias da publicação do rol de credores (art. 55).

Havendo oposição – basta a de um único credor – o juiz convoca a Assembleia Geral de credores. Na assembleia o voto de cada credor será proporcional ao seu crédito (art. 38).

Se a assembleia rejeitar o plano, é decretada a falência (art. 56, § 4º). Se aprovar o plano,[4] será concedido o processamento da recuperação judicial (art. 58), podendo a assembleia indicar os membros do *Comitê de Credores* (art. 56, § 2º).

Ao Comitê de Credores cabe acompanhar e fiscalizar a execução do plano (art. 27, II, "a"), juntamente com o administrador judicial, bem como examinar as contas deste (art. 27, I, "a").

Se não houver objeção de nenhum credor ao plano de recuperação apresentado, a Assembleia Geral não é convocada, cabendo ao juiz conceder a recuperação judicial, desde que atendidos os requisitos legais, nomeando o administrador judicial.

Concedida a recuperação, o devedor fica vinculado ao procedimento por dois anos (art. 61), sendo decretada a falência no caso de descumprimento de obrigação assumida no plano (arts. 73, IV, e 94, III).[5] Passados

---

2. *Execução trabalhista.* O crédito trabalhista deve ser executado no juízo universal da recuperação (STJ, ML no CC 153.888, rel. Min. Marco Buzzi, j. 22.8.2017).

3. Cf. TJSP, AI 2052205-84.2014.8.26.0000.

Decurso do prazo. "O simples decurso do prazo legal de 180 dias de que trata o art. 6º, § 4º, da Lei 11.101/2005, não enseja a retomada automática das execuções individuais" (STJ, *Jurisprudência em Teses*: AgRg no CC 127.629-MT, rel. Min. João Otávio de Noronha, j. 23.4.2014, *DJe* 25.4.2014; e outros).

Solidários e coobrigados. "A recuperação judicial do devedor principal não impede o prosseguimento das ações e execuções ajuizadas contra terceiros devedores solidários ou coobrigados em geral, por garantia cambial, real ou fidejussória" (Súmula STJ-581).

4. *Viabilidade econômica.* Cabe ao Judiciário apenas o controle da legalidade do plano, nunca analisar a sua viabilidade econômica. Impossibilidade de o magistrado imiscuir-se para negar a recuperação que os credores, reunidos em assembleia regular, consideraram viável (STJ, RE 1.359.311-SP (2012/0046844-8-SP), rel. Min. Luis Felipe Salomão, j. 9.9.2014).

5. *Falência de ofício, proibição.* Não cabe ao juiz convolar a recuperação judicial em falência sem manifestação da Assembleia, a quem cumpre verificar a viabilidade do plano e a fiscalização do cumprimento (REsp 1.587.559).

os 2 anos da data da decisão que concedeu a recuperação, e não sendo o caso de decretação de falência, deve o juiz encerrar o processo. Os credores permanecem fiscalizando o cumprimento do plano, podendo concordar com alterações, promover a execução ou requerer a decretação de falência por descumprimento (art. 62).

As empresas que, em lei anterior, eram proibidas de requerer concordata estão também impedidas de requerer recuperação judicial ou extrajudicial (art. 198), salvo as empresas aéreas, que foram excluídas da proibição (art. 199).

2.1 Recuperação judicial de microempresas e empresas de pequeno porte

Para estas empresas a lei oferece duas opções. Podem pedir a recuperação nos moldes do procedimento comum ou optar pela apresentação de *plano especial* (arts. 70 a 72). A opção deve ser manifestada na inicial.

O plano especial abrange apenas os créditos quirografários. Salvo, como diz o art. 71, I, no que se refere a repasse de recursos oficiais, certos créditos ligados à alienação fiduciária e outros, citados no art. 49, §§ 3º e 4º.

O plano especial deve ser apresentado também no prazo de 60 dias da publicação do deferimento do processamento (art. 53).

Os débitos (só os quirografários), no plano especial, podem ser divididos em até 36 parcelas mensais, com correção monetária e juros de 12% ao ano, vencendo-se a primeira em 180 dias da data da distribuição do pedido de recuperação.

A Assembleia Geral não é convocada para deliberar sobre o plano especial. Mas poderá ser decretada a falência se for apresentada objeção de mais da metade dos créditos quirografários.

3. Recuperação extrajudicial

Na recuperação extrajudicial o devedor negocia diretamente com todos os credores, ou parte deles, para obter um acordo que torne possível a superação da crise econômica (arts. 161 a 167). Ficam excluídos os créditos tributários, trabalhistas e de acidentes do trabalho, os relativos à alienação fiduciária e outros do art. 49, § 3º, bem como os referentes a contratos de câmbio para exportação nos termos do art. 86, II.

Garantidores e Novação. A recuperação produz uma novação *sui generis*, onde são preservadas as garantias reais ou fidejussórias e mantidas as ações e execuções aforadas em face dos garantidores e coobrigados em geral (REsp 1.326.888).

Obtido o acordo com os credores, o plano é submetido ao Judiciário para homologação.

O plano extrajudicial envolve apenas os credores que aderiram. Mas obrigará todos os credores abrangidos, se contar com a concordância de mais de 3/5 dos créditos de cada espécie (art. 163).

O pedido de homologação será publicado no órgão oficial e em jornal de grande circulação, no País ou nas localidades da sede e das filiais do devedor, com envio de cartas a todos os credores, podendo então ser impugnado no prazo de 30 dias da publicação.

Atendidos os requisitos legais, o juiz homologará o plano extrajudicial por sentença. No caso de indeferimento, por falta de algum requisito, o devedor poderá voltar a negociar com os credores e apresentar novo pedido.

4. Participantes, na recuperação e na falência

O *administrador judicial* é nomeado pelo juiz, cabendo-lhe o exercício de funções específicas, de acompanhamento, execução e fiscalização nas recuperações e nas falências (art. 22).

O *gestor judicial* é pessoa indicada pela Assembleia Geral para assumir o gerenciamento da empresa em recuperação, no caso de afastamento de seus dirigentes, por incompatibilidade com as funções (art. 64, I a V) ou por previsão no plano de recuperação judicial (art. 64, V).

A *Assembleia Geral* consiste na reunião de credores, convocados para a deliberação de determinados assuntos, como aprovar ou não o plano de recuperação ou definir modalidades especiais de realização do ativo nas falências (art. 35).

O *Comitê de Credores* é formado por pessoas que podem ser indicadas pela Assembleia Geral, se esta decidir pela sua criação, para acompanhar e fiscalizar a recuperação judicial ou a falência (arts. 26 e 27).

B) FALÊNCIA (L 11.101/2005)

1. Definição de falência

A falência é um processo de execução coletiva, em que todos os bens do falido são arrecadados para uma venda judicial forçada, com a distribuição proporcional do resultado entre todos os credores, de acordo com uma classificação legal de créditos.

O instituto da falência abrange a atividade empresarial, considerando-se empresários ou sociedades empresárias os que exercem profissionalmente atividade econômica organizada para a produção ou a circulação de bens ou de serviços (CC, art. 966).

2. Hipóteses de decretação de falência

A Lei 11.101 prevê as seguintes hipóteses de decretação de falência.

a) Impontualidade. Não pagamento no vencimento de obrigação líquida constante de título executivo protestado. Nesta hipótese – e só nesta – a dívida terá de ser superior a 40 (quarenta) salários mínimos na data do pedido de falência, podendo referir-se a um ou mais títulos, de um ou mais credores, reunidos em litisconsórcio ativo (art. 94, I, e § 1º).

b) Execução frustrada. O devedor executado não paga, não deposita, nem nomeia bens suficientes à penhora no prazo legal. Neste caso o título pode ser de qualquer quantia, não havendo o requisito da quantia mínima (art. 94, II).

c) Prática de ato de falência. Prática de certos atos suspeitos, relacionados na lei, como liquidação precipitada, negócio simulado etc. Independe da existência de título vencido (art. 94, III). O credor, porém, deve demonstrar legítimo interesse, sob pena de ilegitimidade de parte.

d) Autofalência. O devedor requer em juízo a sua própria falência (arts. 97, I, e 105).

e) Não apresentação de plano de recuperação no prazo legal (art. 73, II).

f) Descumprimento de plano de recuperação (arts. 73, IV, e 94, III, "g").

3. Andamento da falência

A falência pode ser requerida por um credor[6] ou, na autofalência, pelo próprio devedor.

No caso de insolvência, o requerente deve instruir o pedido com o título executivo protestado. São títulos executivos: o cheque, a duplicata, a nota promissória e outros, referidos no art. 784, I, do CPC/215.

Citado, o devedor tem o prazo de 10 dias para contestar ou depositar o valor exigido (art. 98). No mesmo prazo pode ele requerer recuperação judicial (art. 95), ficando neste caso suspenso o processo de falência.

A sentença que decreta a falência, entre outras medidas, nomeia o *administrador judicial* (denominado síndico na lei anterior), convoca, se for o caso, a Assembleia Geral de Credores, fixa o prazo para habilitação de

---

6. *Adiantamento de honorários.* Insuficientes os bens e não encontrado o devedor, citado por edital, é exigível que o credor requerente adiante os honorários do administrador judicial, conforme art. 82 do CPC (v. STJ, REsp 1.594.260, j. 3.8.2017).

créditos, suspende ações e execuções contra o falido (uma vez que o juízo da falência torna-se o juízo universal[7]), permite ou não a continuação provisória das atividades do falido com o administrador, fixa o prazo legal (período suspeito) etc. (art. 99).

Da sentença que decreta a falência cabe agravo de instrumento,[8] em 15 dias, e da sentença que decide pela improcedência do pedido cabe apelação, também em 15 dias.[9-10]

O administrador judicial arrecada e avalia todos os bens do falido, elabora o auto de arrecadação, verifica os créditos, a conduta e a escrituração do falido, representa a massa falida, elabora o quadro geral de Credores, preside as reuniões da Assembleia Geral de Credores, tudo sob a orientação do juiz – e, se houver, as do Comitê de Credores –, elabora relatórios e presta contas.

Logo após o auto de arrecadação pode iniciar-se a venda dos bens da massa falida (caso o juiz não tenha deferido a continuação provisória das atividades, do art. 99, XI). A alienação pode abranger a empresa como um todo, ou parte dela, as máquinas, mercadorias e demais propriedades da falida.

A venda pode ser feita por leilão ou por propostas, ou por pregão, sendo este uma modalidade mista, de propostas seguidas por um leilão, do qual participam somente os que ofereceram as melhores propostas.

Enquanto não se decide sobre a venda dos bens arrecadados, o administrador judicial poderá alugar ou celebrar outro contrato referente aos bens da massa falida, com o objetivo de produzir renda para a massa falida, mediante autorização do Comitê (art. 114). O juiz pode autorizar a locação ou arrendamento de bens, para evitar a sua deterioração (art. 192, § 5º).

A conduta do falido é avaliada, especialmente nos relatórios do administrador judicial, podendo instaurar-se procedimento penal, por crime concursal.

---

7. *Recuperanda e Massa Falida como autoras.* A competência do juízo universal não prevalece quando a empresa em recuperação ou a massa falida figurar como autora da ação (STJ, REsp 1.236.664-SP (2011/0022672-5), rel. Min. João Otávio de Noronha, j. 11.11.2014).

8. *Habilitação de crédito.* Decisão impugnável por agravo de instrumento. Interposição de apelação que constitui erro grosseiro. Fungibilidade inaplicável (TJSP, ApCiv 0053764-09-2008.26.0564, j. 3.2.2016).

9. **Fundamento:** v. arts. 1.003, § 5º, e 1.015, XIII, do CPC/2015, c/c art. 100, da L. 11.101/2005.

10. *Rescisória.* O falido tem legitimidade para propor ação rescisória contra o decreto de falência (STJ, REsp 1.126.521(2009/0042084-0), rel. Min. Ricardo Vilas Boas Cuenca, j. 17.3.2015).

Verificados os créditos e elaborado o quadro geral de credores, passa-se para o pagamento destes, na conformidade da ordem legal das preferências.

Pagos os credores, o saldo, se houver, será entregue ao falido (art. 153). Apresentado o relatório final do administrador judicial, o juiz encerra a falência por sentença (art. 156).

4. Classificação dos créditos

A ordem das preferências, entre as diversas classes de credores, divide-se em duas categorias: os créditos extraconcursais e os créditos concursais.

4.1 Créditos extraconcursais (art. 84)

São os relativos à administração da massa falida, e são pagos com precedência sobre todos os demais, como a remuneração do administrador, despesas com arrecadação, certas custas judiciais, tributos de responsabilidade da massa falida, salários a serem pagos pela massa etc.

4.2 Créditos concursais (art. 83, I a VIII)

a) Créditos trabalhistas (limitados a 150 salários mínimos por credor) *e de acidentes do trabalho.* Nos trabalhistas, o que exceder da quantia-limite passa para a classe dos créditos quirografários.[11]

b) Créditos com garantia real, como no penhor ou na hipoteca, até o limite do valor do bem gravado.

c) Créditos tributários (exceto multas tributárias).

d) Créditos com privilégio especial sobre determinados bens, como o direito de preferência sobre a coisa salvada por despesas do salvamento, e outros, inclusive os previstos no art. 964 do Código Civil.

e) Créditos com privilégio geral, como as debêntures e outros créditos previstos no art. 965 do Código Civil.

f) Créditos quirografários (art. 83, VI). São os créditos comuns, sem as garantias legais ou convencionais dos créditos acima mencionados, como cheques, duplicatas, notas promissórias etc.

Passam também para esta classe, dos quirografários, os saldos dos créditos trabalhistas acima de 150 salários mínimos, os créditos trabalhistas cedidos a terceiros, os saldos dos créditos não cobertos pelo produto da venda dos bens vinculados ao seu pagamento.

---

11. *Honorários de Advogado.* Os créditos resultantes de honorários advocatícios têm natureza alimentar e equiparam-se aos trabalhistas para efeito de habilitação em falência, até o limite de 150 salários-mínimos (STJ, RE 1.152.218-RS (2009/0156374-4), rel. Min. Luis Felipe Salomão, j. 7.5.2014).

g) Créditos subquirografários-A (art. 83, VII). São pagos somente após satisfeitos os quirografários. Referem-se a multas contratuais e penas pecuniárias por infração de leis penais ou administrativas, inclusive multas tributárias.

h) Créditos subquirografários-B (art. 83, VIII). Pagos somente após satisfeitos os quirografários e os subquirografários-A.

São os créditos *subordinados*, assim previstos em lei ou em contrato, e ainda os créditos dos sócios e dos administradores sem vínculo empregatício.

Crédito subordinado em lei pode ser a responsabilidade por evicção, prevista no art. 447 do Código Civil. Subordinado em contrato será a debênture sem garantia, com cláusula de subordinação aos credores quirografários, prevista no art. 58, § 4º, da Lei 6.404/76 (Lei das S/A).

De um modo geral, créditos subordinados são os que Caio Mário da Silva Pereira (*Instituições de Direito Civil*) denomina dependentes, acostados ou adjetos, em que originalmente há um devedor efetivo e um devedor potencial. A segunda obrigação só é exigível no inadimplemento da primeira, como ocorre na fiança ou na garantia hipotecária dada por terceiro.

Mas a subordinação pode também ser entendida como mera colocação em grau mais baixo, dentro de determinada escala, como o fez a lei em relação aos sócios da falida, que só recebem (se dela tiverem algo a receber) quando houver sobras, depois de pagos todos os outros credores situados em escala superior na ordem das preferências. Nesse sentido, todos os créditos seriam subordinados, exceto o colocado no topo da classificação.

CLASSIFICAÇÃO DOS CRÉDITOS

1) *Créditos extraconcursais* (despesas e dívidas da massa)
2) *Créditos trabalhistas*, até 150 salários mínimos por credor (o que exceder é quirografário) e *créditos acidentários* (estes sem limites)
3) *Créditos com garantia real* (penhor, hipoteca etc.) até o limite do bem gravado (o que exceder é quirografário)
4) *Créditos tributários* (exceto multas)
5) *Créditos com privilégio especial sobre determinados bens* (art. 964, CC)
6) *Créditos com privilégio geral* (art. 965, CC)
7) *Créditos quirografários* (cheques, duplicatas, notas promissórias, letras de câmbio, dívidas em geral)
8) *Créditos subquirografários-A*
9) *Créditos subquirografários-B*

5. Créditos trabalhistas. Inconstitucionalidade de sua limitação

A limitação contida no art. 83, I (de 150 salários mínimos por credor) ofende frontalmente o art. 5º, *caput*, da Constituição Federal, que declara a igualdade de todos perante a lei.

Se todos são iguais perante a lei, não se compreende a razão de se colocar o crédito trabalhista como único crédito, entre os preferenciais, a sofrer limitação.

A igualdade perante a lei exigiria, por exemplo, que o crédito com garantia real também fosse limitado até certa quantia, e não até o limite do bem gravado, pois este pertence ao alvedrio do credor, que pode exigir do devedor garantias reais no valor que bem entender. Limite do bem gravado não é limite de quantia a receber.

O crédito tributário, o crédito com privilégio especial ou geral, bem como todos com alguma primazia, teriam que ter, igualmente, um limite, passando o excedente também para quirografário, para se ver estabelecida a igualdade exigida pelo texto constitucional.

Do mesmo defeito padece o rebaixamento para quirografário do crédito trabalhista cedido a terceiros (art. 83, § 4º), sem, por exemplo, o correspondente e igual rebaixamento do crédito com garantia real cedido a terceiros.

Deve, portanto, ser desconsiderada, por ser inconstitucional, a limitação de 150 salários mínimos por credor, imposta unilateralmente pelo art. 83, I, aos créditos trabalhistas, dentro de sua categoria na ordem de preferências.

Da mesma forma, deve ser desconsiderado o rebaixamento para quirografário do crédito trabalhista cedido a terceiros. Se os outros credores preferenciais podem ceder os seus créditos, sem rebaixá-los, o mesmo deve ocorrer com os créditos trabalhistas, mantendo-se a igualdade constitucional.

6. Contratos do falido

Os contratos bilaterais não são invalidados pela falência e podem ser executados pelo administrador judicial, se conveniente para a massa (art. 117).

7. Pedido de restituição

Pode ser reclamada a restituição de coisas encontradas em poder do falido que não lhe pertençam, como, por exemplo, uma máquina emprestada. E também das coisas vendidas a crédito e entregues ao falido nos 15 dias anteriores ao requerimento da falência (art. 85 e parágrafo único).

A restituição é feita em dinheiro, pelo preço da avaliação, no caso de a coisa não mais existir, ou pelo preço da venda, se a coisa já foi vendida (art. 86).

8. Continuação provisória das atividades

Na sentença declaratória da falência, poderá o juiz autorizar a continuação provisória das atividades do falido, com o administrador judicial, havendo interesse para a massa, por período não prolongado (art. 99, XI).

9. Crimes concursais (arts. 168 a 178)

São crimes referentes à falência e à recuperação judicial ou extrajudicial, como a escrituração inexata, a destruição de documentos ou de dados contábeis, a simulação de capital, ato fraudulento de que resulte ou possa resultar prejuízo aos credores, a não escrituração ou alteração de documentos da escrituração contábil etc.

Aboliu-se o inquérito judicial. A *notitia criminis* pode advir de qualquer dado do processo, principalmente dos relatórios do administrador judicial. A ação penal é pública ou privada subsidiária (art. 184), sendo condição objetiva de punibilidade a sentença que decreta a falência, concede a recuperação judicial ou homologa a extrajudicial (art. 180).

A ação penal compete ao juiz criminal da jurisdição onde tenha sido decretada a falência, concedida a recuperação judicial ou homologado o plano de recuperação extrajudicial (art. 183).

10. A lei penal no tempo

Os crimes falimentares da lei anterior (DL 7.661/45) bem como os crimes concursais da lei atual (L 11.101/2005), sujeitam-se ao princípio da retroatividade da lei mais benéfica, bem como da irretroatividade da lei mais grave (CF, art. 5º, XL; CP, art. 2º).

Se a nova lei não prevê mais o crime, dá-se a abolição do crime (*abolitio criminis*). Se a lei nova for mais favorável, esta será aplicada (*retroatividade da lei mais benéfica*). Se a pena da lei nova for mais severa, prevalece a da lei anterior (*ultratividade da lei mais benéfica*). Ou seja, no confronto entre lei nova e lei anterior, vale sempre o dispositivo que for mais favorável ao réu.

O crime de gastos pessoais excessivos, por exemplo, previsto no art. 186, I, do DL 7.661, de 1945, deve considerar-se abolido, em face da inexistência de igual preceito na Lei 11.101, de 2005.

Vários autores entendem que o confronto temporal entre lei nova e lei anterior se estabelece desde logo, a partir da data da publicação, e não pela sua entrada em vigor, valendo, portanto, já no período de *vacatio legis*, se houver. Tal solução não se afigura correta, pois a lei só existe após a sua entrada em vigor. Considere-se que há leis publicadas que nunca alcançaram a sua vigência, não chegando a se tornar leis efetivas, como ocorreu com o Código Penal de 1969, que, embora publicado, teve sua vigência adiada várias vezes, até ser, finalmente, revogado, vários anos depois.

SEGUNDA PARTE – LEI ANTERIOR (DL 7.661/45) – FALÊNCIAS E CONCORDATAS

A) Falência (DL 7.661/45): 1. Sentença. 2. Fases da falência. 3. O síndico. 4. Obrigações pessoais do falido. 5. A continuação do negócio. 6. A fase de liquidação. 7. Inquérito judicial. 8. A ordem das preferências. *B) Concordatas (DL 7.661/45):* 1. A concordata preventiva. 2. A concordata suspensiva.

Como vimos, a lei anterior (DL 7.661/45) continuará a reger o andamento das falências decretadas antes da vigência da lei nova (L 11.101/2005), bem como das concordatas que já haviam sido deferidas, até a sua conclusão (como determina o art. 192 da lei atual).

Assim, por um bom tempo ainda aplicar-se-ão paralelamente as duas leis, a atual para os feitos novos, a anterior para os feitos anteriores.

Com duas alterações, porém, na lei anterior:

1º) a venda dos bens da massa pode iniciar-se logo após o auto de arrecadação;

2º) a concordata suspensiva não pode mais ser concedida (mesmo nos procedimentos da lei anterior).

Pode ter ocorrido a hipótese de ajuizamento do pedido de falência pela lei anterior e decretação já na vigência da lei atual. Neste caso, aplica-se a lei anterior na fase preliminar ou declaratória do feito (art. 192, *caput*), com a decretação e o prosseguimento nos termos da lei atual (arts. 99 e 192, § 4º).

A) FALÊNCIA (DL 7.661/45)

1. Sentença

Na sentença declaratória da falência consignam-se o nome do devedor, a hora da declaração, o termo legal, a nomeação do síndico (o qual na lei de 2005 passou a denominar-se administrador judicial), bem como os demais requisitos do art. 14, parágrafo único, do DL 7.661/45).

2. Fases da falência

A *fase preliminar* vai do pedido inicial até a sentença que decreta a falência. A *fase de sindicância*, ou investigatória, alcança a apuração dos débitos e dos créditos, bem como da conduta do falido. A *fase de liquidação* abrange a venda dos bens da massa, com a distribuição do resultado entre os credores relacionados no quadro geral de credores, segundo uma ordem legal de preferências.

Tais fases eram sequenciais, seguindo-se uma à outra. Por mandamento da L 11.101/2005, porém, a fase de sindicância e a fase de liquidação, mesmo nos processos anteriores em curso, passaram a ser simultâneas. A alienação dos bens pode iniciar-se agora logo após o auto de arrecadação, independentemente da formação do quadro geral de credores e da conclusão do inquérito judicial (art. 192, § 1º, L 11.101/2005), salvo se o juiz tiver autorizado a continuação provisória do negócio (art. 99, XI).

O juiz poderá autorizar a locação ou arrendamento de bens imóveis ou móveis a fim de evitar a sua deterioração, cujos resultados reverterão em favor da massa (§ 5º do art. 192 da L 11.101/2005, acrescentado pela L 11.127, de 28.6.2005).

3. O síndico

A nomeação do síndico deve recair entre os maiores credores domiciliados no foro da falência. Pode ser nomeado também um estranho ao rol de credores (síndico dativo) se três credores sucessivamente nomeados não aceitarem o encargo (arts. 59 e ss.).

O síndico é o administrador da massa falida, sob a direção do juiz, respondendo civil e criminalmente por seus atos.

Entre as inúmeras incumbências do síndico contam-se as seguintes: representar a massa falida, arrecadar os bens do falido, prestar informações aos interessados, verificar os créditos, elaborar relatórios, organizar o quadro geral de credores, promover a liquidação, vendendo os bens da massa, com a distribuição do produto entre os credores habilitados.

4. Obrigações pessoais do falido

O art. 34 do DL 7.661/45 impõe várias obrigações pessoais ao falido e aos diretores, administradores ou gerentes da sociedade falida, como prestar informações e não se ausentar do lugar da falência sem autorização do juiz. O não cumprimento desses deveres poderá sujeitá-los a prisão administrativa, para coagi-los ao cumprimento.

Isso nos processos anteriores, regidos pelo DL 7.661/45, onde se aplica, e se continuará aplicando, somente prisão administrativa (a questão muda de figura nos processos novos, que correm sob a égide da L 11.101/2005, em que o não cumprimento dos deveres mencionados, após intimação do juiz para o ato, implica crime de desobediência) (art. 104, parágrafo único).

5. A continuação do negócio

No direito anterior podia ser autorizada a continuação do negócio (art. 74), com a administração de um gerente proposto pelo síndico e com transações só a dinheiro, até o momento em que se facultava o pedido de concordata suspensiva (§ 7º do art. 74). O instituto, portanto, existia no interesse do falido, propiciando uma ponte até a concordata suspensiva, onde o falido, eventualmente, poderia recuperar-se.

Tal faculdade, porém, nesse sentido, foi cassada, e agora, também nos processos anteriores, só existe a *continuação provisória* das atividades do falido, no interesse da massa, sob a direção do administrador judicial (art. 99, XI, L 11.101/2005), até a liquidação, uma vez que a concordata suspensiva não pode mais ser concedida (art. 192, § 1º, L 11.101/2005).

6. A fase de liquidação

Como vimos, por determinação da lei nova, a venda dos bens da massa pode iniciar-se logo após o auto de arrecadação, independentemente da formação do quadro geral de credores e da conclusão do inquérito judicial. Em consequência, além da venda por propostas ou por leilão, deve agora também ser admitida a venda por pregão, prevista na lei atual.

7. Inquérito judicial

Destina-se o inquérito judicial à apuração de crimes falimentares. Nos processos que correm sob a lei nova não há mais inquérito judicial, podendo o procedimento penal lastrear-se em dados diversos, principalmente nas informações e nos relatórios do administrador judicial. Permanece, porém, o inquérito judicial nos feitos iniciados anteriormente, correndo em autos próprios.

8. A ordem das preferências

No sistema anterior a ordem das preferências não estava relacionada numa lei única, ficando esparsa em diversas leis, registrando-se, amiúde, divergência doutrinária na classificação. De qualquer forma, porém, a ordem prevalente anterior deve ser mantida nos processos anteriores, uma vez que correm sob as determinações das leis anteriores.

É o seguinte o esquema da ordem das preferências no regime do DL 7.661/45:

ORDEM DAS PREFERÊNCIAS NO DL 7.661/45
1) *créditos trabalhistas*
2) *créditos fiscais e parafiscais*
3) *encargos da massa* (custas judiciais)
4) *dívidas da massa* (feitas pelo síndico)
5) *créditos com direito real de garantia* (penhor, hipoteca)
6) *créditos com privilégio especial sobre determinados bens* (p. ex., despesas do salvamento sobre a coisa salvada)
7) *créditos com privilégio geral* (como debêntures)
8) *créditos quirografários* (cheques, notas promissórias, vales, letras de câmbio etc.)
Não existiam créditos subquirografários.

B) Concordatas (DL 7.661/45)

A Lei 11.101/2005 aboliu as concordatas, estabelecendo, contudo, que as concordatas já deferidas antes da vigência da lei nova seguem seu curso normal, nos termos da lei anterior, até sua conclusão (art. 192).

Estabeleceu também que as empresas em regime de concordata, em dia com as obrigações respectivas, não ficam proibidas de requerer recuperação judicial, extinguindo-se, neste caso, a concordata. O pedido, porém, só poderá abranger a recuperação judicial padrão, ou comum, não sendo admitida, na hipótese, a opção pelo plano especial das micro e pequenas empresas (art. 192, § 2º).

Na ocorrência de conversão de concordata em falência, aplicar-se-á a lei nova (L 11.101/2005, art. 192, § 4º).

Ao contrário do que ocorre na recuperação judicial, a concessão de concordata não dependia da concordância ou da boa vontade dos credores. O benefício era concedido por sentença, pelo juiz, ao seu prudente critério, desde que presentes os requisitos legais. O concordatário continuava ou voltava a exercer a sua atividade normalmente, com restrições somente quanto à venda de imóveis e à venda ou transferência do estabelecimento (arts. 149 e 167). Podiam, todavia, os credores opor-se ao pedido de concordata, através de embargos, lastreados nos motivos relacionados no art. 143, como, por exemplo, sacrifício dos credores maior do que a liquidação na falência.

Deve ser destacado que *somente os credores quirografários* estão sujeitos aos efeitos da concordata. Os credores privilegiados não são por ela atingidos.

Se o concordatário não cumprir a concordata, preventiva ou suspensiva, poderá o prejudicado pedir a sua rescisão (art. 150, DL 7.661/45). A rescisão da concordata preventiva acarreta a falência do devedor, e a da concordata suspensiva acarreta o prosseguimento da falência, que tinha sido apenas suspensa. Os credores posteriores à concordata não estão impedidos de requerer a falência do concordatário (art. 154, DL 7.661/45).

1. A concordata preventiva

A concordata preventiva destinava-se a prevenir ou evitar a falência. O devedor, ao requerer a concordata, poderia propor o pagamento de 50% de seus débitos à vista, ou de 60%, 75%, 90% ou 100%, se a prazo, respectivamente, em 6, 12, 18 ou 24 meses. O prazo começava a correr a partir do pedido.

No despacho de processamento era nomeado um *comissário* para fiscalizar as atividades do devedor.

2. A concordata suspensiva

A concordata suspensiva destinava-se a suspender uma falência já decretada. Num determinado momento do processo de falência (normalmente em 5 dias após o segundo relatório do síndico), podia o falido que atendesse a certos requisitos pedir concordata suspensiva, propondo o pagamento das dívidas quirografárias no montante de 35% à vista ou 50% num prazo de até 2 anos.

As concordatas suspensivas foram abolidas pela Lei 11.101/2005, não podendo mais ser concedidas, mesmo nos processos de falência que ainda correm pela lei anterior. As concordatas já deferidas, antes da lei nova, porém, continuarão em andamento até sua conclusão.

É curioso observar que uma lei cujo propósito declarado foi o de recuperar empresas subtraiu a possibilidade da concordata suspensiva, última oportunidade de recuperação.

A desistência da concordata suspensiva, já deferida antes da lei nova, implica a volta ao *status quo ante*, ou seja, a volta ao estado de falência, que só tinha sido suspenso.

BIBLIOGRAFIA

ABRÃO, Nélson. *Direito Bancário*. São Paulo, Ed. RT, 1996.
ALEGRÍA, Héctor. *El Aval*. Buenos Aires, Astrea, 1975.
ARRUDA, João Brás de Oliveira. *Decreto 2.044*. São Paulo, Escolas Profissionais Salesianas, 1914.
ASCARELLI, Tullio. *Teoria Geral dos Títulos de Crédito*. Trad. de Nicolau Nazo. São Paulo, Saraiva, 1943.

BARRETO, Lauro Muniz. *Direito Bancário*. Universitária de Direito, 1975.
BARRETO FILHO, Oscar. "Aspectos atuais da letra de câmbio", artigo, *RT* 471/11.
_____. *Teoria do Estabelecimento Comercial*. São Paulo, Max Limonad, 1969.
BOLSA de Valores do Rio de Janeiro. *Dicionário do Mercado de Capitais*.
BONSIEPE, Gui. *Teoría y Práctica del Diseño Industrial*. Barcelona, Gustavo Gili, 1978.
BORGES, João Eunápio. *Do Aval*. Rio de Janeiro, Forense, 1975.
_____. *Curso de Direito Comercial Terrestre*. Rio de Janeiro, Forense, 1975.
_____. *Títulos de Crédito*. Rio de Janeiro, Forense, 1977.
BULGARELLI, Waldírio. "O cartão de crédito e suas projeções jurídicas", artigo, *RF* 253/143.
_____. *Manual da Sociedade Anônima*, Direito Comercial II. São Paulo, Atlas, 1978.
_____. *A Proteção às Minorias na Sociedade Anônima*. São Paulo, Pioneira, 1977.
_____. *Títulos de Crédito*, Direito Comercial III. São Paulo, Atlas, 1979.

CASILO, João. "Desconsideração da pessoa jurídica", artigo, *RT* 528/24.
CAVALCANTE, Álvaro Augusto Brandão. *Das Sociedades Anônimas, sua Estrutura e Dinâmica*. Rio de Janeiro, Freitas Bastos, 1978.
CERQUEIRA, João da Gama. *Tratado da Propriedade Industrial*. Rio de Janeiro, Forense, 1946.
CHAVANNE, Albert e BURST, Jean-Jacques. *Droit de la Propriété Industrielle*. Paris, Dalloz, 1976.

CHAVES, Antônio. "Marca e nome comercial", parecer, *RT* 453/27.
COELHO, Fábio Ulhoa. *Manual de Direito Comercial.* São Paulo, Saraiva, 2002.
COMPARATO, Fábio Konder. "Comentário sobre sociedade entre marido e mulher", artigo, *RDM* 3/91.
_____. "Novas formas jurídicas de concentração empresarial", artigo, *RDM* 5/133.
COVELLO, Sérgio Carlos. *Contratos Bancários.* São Paulo, Saraiva, 1981.
_____. *O Sigilo Bancário.* São Paulo, LEUD, 1991.
CRISTIANO, Romano. *Características e Títulos da S/A.* São Paulo, Ed. RT, 1981.
_____. *A Empresa Individual e a Personalidade Jurídica.* São Paulo, Ed. RT, 1977.
_____. *Órgãos da Sociedade Anônima.* São Paulo, Ed. RT, 1982.

DE PLÁCIDO E SILVA. *Noções Práticas de Direito Comercial.* Curitiba, Guaíra, 1956; Rio de Janeiro, Forense, 1965.

FARIA, Anacleto de Oliveira. *Instituições de Direito.* São Paulo, Ed. RT, 1978.
FERREIRA, Waldemar Martins. *Instituições de Direito Comercial.* Rio de Janeiro, Freitas Bastos, 1953; São Paulo, Max Limonad, 1955.
FERRI, Giuseppe. *Manuale di Diritto Commerciale.* Torino, UTET, 1977.
FRANCESCHINI, J. L. V. de Azevedo. *Títulos de Crédito.* São Paulo, Ed. RT, 1972.
FRANCISCO, Caramuru Afonso. *Código Civil de 2002, o Que Há de Novo?.* São Paulo, Juarez de Oliveira, 2002.
FRANCO DA ROSA JR., Luiz Emygdio. *Cheque, Comentários à Lei Uniforme.* São Paulo, Sugestões Literárias, 1973.
FURTADO, Lucas Rocha. *Sistema de Propriedade Industrial no Direito Brasileiro.* Brasília, DF, Brasília Jurídica, 1996.

GAMM, Otto-Friedrich Frhr. von. *Handelsrecht.* München, C. H. Beck, 1976.
GAVALDA, Christian e STOUFLIET, Jean. *Droit Commercial et Cheques et Effets de Commerce*, vol. 2. Collection Thémis. Paris, Presses Universitaires de France, 1978.
GOMES, Orlando. *Questões de Direito Civil.* São Paulo, Saraiva.
GRAZIANI, A. e MINERVINI, G. *Manuale di Diritto Commerciale.* Napoli, Morano Editora, 1974.
GRECO, Paolo. *Lezioni di Diritto Industriale.* Torino, G. Giappichelli, 1956.
GRINBERG, Mauro. "Cheque especial ou garantido", artigo, *RT-Informa* 204/9.
GRISOLI, Angelo. *Las Sociedades con un Solo Sócio.* Traduzido por Antonio González Iborra. Madrid, Editoriales de Derecho Reunidas, 1976.
GUALTIERI, Giuseppe. *I Titoli di Credito.* Torino, UTET, 1953.

HENTZ, Luiz Antônio Soares. *Direito de Empresa no Código Civil de 2002*. São Paulo, Juarez de Oliveira, 2002.

HUBRECHT, Georges. *Notions Essentielles de Droit Commercial*. Paris, Sirey, 1977.

JUSTEN FILHO, Marçal. *Desconsideração da Personalidade Societária no Direito Brasileiro*. São Paulo, Ed. RT, 1987.

LACERDA, Paulo Maria de. *A Cambial no Direito Brasileiro*. Rio de Janeiro, Leite Ribeiro & Maurillo, 1921.

LEME, José Júlio Villela. "Execução contra emitente nas sustações de protesto", artigo, *O Estado de S. Paulo*, 26.4.81, p. 67.

LOPES, Mauro Brandão. *Natureza e Regime Legal do Cheque "Bancário"*. São Paulo, Ed. RT, 1978.

LOURES, José Costa e GUIMARÃES, Taís Maria Loures Dolabela. *Novo Código Civil Comentado*. Belo Horizonte, Ed. Del Rey, 2002.

MACEDO, Gastão A. *Curso de Direito Comercial*. Rio de Janeiro, Freitas Bastos, 1956.

MARCONDES, Sílvio. *Problemas de Direito Mercantil*. São Paulo, Max Limonad, 1970.

MARTINS, Fran. *Curso de Direito Comercial*. Rio de Janeiro, Forense, 1977.

_____. *Letra de Câmbio e Nota Promissória segundo a Lei Uniforme*. Rio de Janeiro, Forense, 1972.

_____. *Títulos de Crédito*. Rio de Janeiro, Forense, 1986.

MÉDICI, Octávio. *Letra de Câmbio e Nota Promissória*. Bauru, Jalovi, 1978.

MERCADO JÚNIOR, Antônio. *Nova Lei Cambial e Nova Lei do Cheque*. São Paulo, Saraiva, 1971.

MIRANDA JR., Darcy Arruda. *Breves Comentários à Lei de Sociedades por Ações*. São Paulo, Saraiva, 1977.

_____. "A sociedade entre cônjuges", artigo, *RT* 450/20.

NÓBREGA, Gilberto. *Depósito Bancário*. São Paulo, Ed. RT, 1966.

OLAVO, Fernando. *Direito Comercial*, vol. II, 2ª parte, fascículo I. Coimbra, Coimbra Editora, 1977.

PAES, P. R. Tavares. *Nova Lei da Propriedade Industrial*. São Paulo, Ed. RT, 1996.

PALMA, João Augusto da. *Novo Código Civil e Comercial*. São Paulo, LTr, 2002.

PEREZ, Gabriel Nettuzzi. "A pessoa jurídica e a quase-pessoa jurídica", artigo, *Justitia* 71/19.

PINTO, Paulo J. da Silva. *Direito Cambiário*. Rio de Janeiro, Forense, 1951.

PONTES DE MIRANDA. *Tratado de Direito Cambiário*. São Paulo, Max Limonad, 1954.

_____. *Tratado de Direito Privado*, vols. XVI, XVII, XXXIV, XXXV. Rio de Janeiro, Borsói, 1961, 1972; São Paulo, Ed. RT, 1977.

RAMOS, Léo Borges. "Economês não existe para humilhar ninguém", *Ele/Ela*, n. 112.

REDIG, Joaquim. *Sobre Desenho Industrial*. Publicação da Escola Superior de Desenho Industrial, da Universidade do Estado do Rio de Janeiro, 1977.

REQUIÃO, Rubens. *Curso de Direito Comercial*. São Paulo, Saraiva, 1989.

_____. "As tendências atuais da responsabilidade dos sócios nas sociedades comerciais", artigo, *RT* 511/11.

ROCCO, Alfredo. *Studi di Diritto Commerciale*. Roma, Foro Italiano, 1933.

ROSENDO, Eli. *O Que todos Devem Saber Sobre Bancos*. Ediouro, 1980.

SALANDRA, Vittorio. *Manuale di Diritto Commerciale*. Bologna, UPEB, 1948.

SARAIVA, José A. *A Cambial*. Rio de Janeiro, Rodrigues & Cia., 1912; Belo Horizonte, Imprensa Oficial de Minas, 1918.

SELLE, Gert. *Die Geschichte des Design in Deutschland von 1870 bis heute*. Koln, Du Mont, 1978.

SEPULVEDA, Cesar. *El Sistema Mexicano de Propiedad Industrial*. Impres. Modernas, 1955.

SILVA, Alfredo da. *O Jogo da Bolsa*. Techno Editora, 1972.

SILVEIRA, Newton. *Curso de Propriedade Industrial*. São Paulo, Ed. RT, 1977.

_____. *A Propriedade Intelectual e a Nova Lei de Propriedade Industrial*. São Paulo, Saraiva, 1996.

SOARES, José Carlos Tinoco. *Código da Propriedade Industrial*. São Paulo, Resenha Tributária, 1974.

_____. "O direito de prorrogação do registro da marca", artigo, *RT* 465/32.

_____. "Marca notória", artigo, *RDM* 10/157.

SOPRANO, Enrico. *La Teoria Cambiaria*. Napoli, Casa Editrice Dott. Eugenio Jovene, 1954.

TORRES, Antônio Magarinos. *Nota Promissória*. Rio de Janeiro, Forense (sem data).

WAGRET, Jean-Michel. *Brevets d'Invention et Propriété Industrielle*. Paris, PUF, 1975.

WHITAKER, José Maria. *Letra de Câmbio*. São Paulo, Saraiva, 1942; Ed. RT, 1963.

ÍNDICE ALFABÉTICO-REMISSIVO

A
Ação cambial, 81
Aceite, 80
Acionista único, 55
Acionistas, 46
Ações de sociedade anônima, 44
Administração da sociedade anônima, 48
Agronegócio, título do, 90
Analfabeto, como pode assumir obrigação cambial, 93
Anulação de título de crédito, 82, 96
Apresentação de título de crédito, 80
Arquivamento, no Registro do Comércio, 21
Assembleia Geral, 48
Associações, 33
Aval, 79
Avalista, defesa do, 92
Aviamento, 17

B
Banco
  operações, 104
  organização, 98
Bens particulares de sócio, penhorabilidade dos, 57
Bônus de subscrição, 46

C
Capital autorizado, S/A de, 43
Capital determinado, S/A de, 43
Capital e indústria, sociedade de, 38
"Causa debendi", investigação da, 91
Cédula de Crédito Bancário, 90
Cédula de Crédito Imobiliário, 90
Cédula de Produto Rural, 89
Cédulas de crédito, 87
Cédulas hipotecárias, 89
Cego, como pode assumir obrigação cambial, 93
Certificado de Depósitos Creditórios do Agronegócio, 90
Certificado de Direitos do Agronegócio, 90
Certificados de depósito, 89
Certificados de Recebíveis do Agronegócio, 90
Cheque, 83
Cisão, 51
Cláusulas extravagantes, 95
Coligadas, sociedades, 52
Comandita por ações, sociedade em, 49
Comandita simples, sociedade em, 37
Comércio
  conceito econômico, 14
  conceito jurídico, 15
  natureza e características, 15
Comissões Parlamentares de Inquérito e sigilo bancário, 105
Companhia ou sociedade anônima, 42
Conceito
  de Direito Comercial e Direito Empresarial, 15
  de empresa, 18
  de empresário, 15
  econômico de comércio, 14
  jurídico de comércio, 14
Concordata preventiva, 121
Concordata suspensiva, 121
Concordatas, 199
Conhecimento de depósito, 86
Conhecimento de transporte ou de frete, 86
Conselho de Administração, 48
Conselho Fiscal, 49
Consórcio, 52
Conta de participação, sociedade em, 38
Continuação do negócio, 119
Continuação provisória das atividades, 115

Contrato, título vinculado a, 93
Contratos bancários, 104
Controladora, sociedade, 52
Cooperativas, 33
Cotas sociais, penhorabilidade das, 56
Crimes concursais, 116
Crimes contra a propriedade industrial, 30
Crimes contra o Sistema Financeiro Nacional e sigilo bancário, 105
Cultivares, 30

D
Debêntures, 45, 86
Denominação social, 35
Desconsideração da pessoa jurídica, 68
Desconsideração inversa, 72
Desenho industrial, 26
"Design", 27
Direito Bancário, 98
Direito Comercial e Empresarial
 características, 15
 conceito de, 14
 fases do, 13
Diretoria de S/A, 49
Duplicata, 85
Duplicata simulada, 96

E
EIRELI, 41
Empresa, conceito de, 18
Empresa de pequeno porte (EPP), 35, 52
Empresa individual de responsabilidade limitada, 41
Empresa júnior, 34
Empresário
 individual, 36
 obrigações, 15
 prepostos, 17
Empresário, conceito de, 15
Empresas bancárias, espécies de, 99
Endosso, 79
Estabelecimento, 17

F
Falência
 lei anterior, 117
 lei atual, 106
Firma ou razão social, 34
Fisco e sigilo bancário, 105
Fundo de comércio, 19
Fusão, 51

G
Grupo de sociedades, 52

I
Incorporação, 51
Indisponibilidade de bens, 102
Inquérito administrativo, 103
Inquérito judicial, 119
Instituto Nacional da Propriedade Industrial (INPI), 23
Intervenção extrajudicial, 101
Invenção, 24

J
"Joint ventures", 52

K
"Know-how", 28

L
Lei Uniforme das Letras e Promissórias, 77
Lei Uniforme do Cheque, 83
Letra de câmbio, 82
Letra de Crédito do Agronegócio, 90
Letra de Crédito Imobiliário, 89
Letras imobiliárias, 89
Limitada, sociedade, 39
Liquidação extrajudicial, 101
Livros mercantis, 16

M
Marcas, 29
Marido e mulher, sociedade de, 55, 69
Matrícula de comerciante, 21
Mercado de capitais, 57
Microempreendedor Individual-MEI, 53
Microempresa (ME), 35, 52
Modelo de utilidade, 26

N
Nome coletivo, sociedade em, 37
Nome empresarial, 21, 31, 34
Nota promissória, 83
Notas de crédito, 88

O
Obrigação cambial por procuração, 93
Operações bancárias, 104
Organização bancária, 98

P

Pagamento parcial de título de crédito, 94
Partes beneficiárias, 45
Participantes na falência e na recuperação judicial, 110
Patentes e registros, 23
Penhora de bens particulares, 57
Penhorabilidade de cotas sociais, 56
Pequeno porte, empresa de, 35, 52
Pessoa jurídica, desconsideração da, 68
Pessoa jurídica, quase-, 51
"Pipeline", 24
Ponto comercial, 19
Preferências, ordem das, 119
Prepostos do empresário, 17
Prescrição de títulos de crédito, 82
"Pro soluto", 94
"Pro solvendo", 94
Procuração
  obrigação cambial assumida por, 93
Propriedade comercial, 19
Propriedade industrial, 23, 30
Propriedade intelectual, 22
Propriedade literária, artística e científica, 22
Protesto, 80

Q

Quase-pessoa jurídica, 51
Quebra de sigilo bancário, 105
Quinhão de sócio, usufruto, 57

R

Razão social, 34
Recuperação extrajudicial, 109
Recuperação judicial, 107
Registro de comércio, 20
Registros e patentes, 23
Renovação de aluguel, 19

S

Segredo de fábrica, 17, 28
Sigilo bancário, 104
Sistema Financeiro Nacional, 100
  e sigilo bancário, 104
Sociedade
  anônima, 42
  controladora, 52
  de capital e indústria, 38
  de marido e mulher, 55, 69
  de um sócio só, 55
  em comandita por ações, 49
  em comandita simples, 37
  em comum (irregular ou de fato), 51
  em conta de participação, 38
  em nome coletivo, 37
  limitada, 39
  unipessoal, 55
Sociedades
  classificação no CC, 33
  coligadas, 52
  cooperativas, 33
  em comum, 33
  em conta de participação, 33
  empresariais, 31, 33
  não personificadas, 33
  personificadas, 33
  simples, 33
Subsidiária integral, 52, 56
Sustação de protesto, 81

T

Teoria da desconsideração da pessoa jurídica, 68
Título de estabelecimento, 35
Título vinculado a contrato, 93
Títulos de crédito, 74, 91
  anulação de, 82, 96
  prescrição de, 82
  protesto, 80
Títulos do Agronegócio, 90
Transformação de sociedade, 51

U

Usufruto sobre quinhão de sócio, 57

V

Vocabulário das S/A e do mercado de capitais, 58

W

"Warrant", 86

***